JN172976

ジャック・ル＝ゴフ　菅沼潤◉訳

時代区分は本当に必要か？

連続性と不連続性を再考する

藤原書店

Jacques LE GOFF

FAUT-IL VRAIMENT DÉCOUPER L'HISTOIRE EN TRANCHES ?

©Éditions du Seuil, 2014

Collection La Librairie du XXIe siècle, sous la direction de Maurice Olender

This book is published in Japan by arrangement with Éditions du Seuil,
through le Bureau des Copyrights Français, Tokyo.

時代区分は本当に必要か？　目次

今日から見たルネサンス　79

中世は「闇の時代」か？　102

長い中世　134

おわりに　183

時代区分は本当に必要か？

連続性と不連続性を再考する

凡　例

一　本書は、Jacques Le Goff, *Faut-il vraiment découper l'histoire en tranches?*, Éditions du Seuil, 2014. の全訳である。

一　原注は＊1、＊2……で表記し、当該段落末に記した。

一　訳者による補足は〔　〕で表記し、本文中に挿入した。また長い訳注は（1）（2）……で示した。

一　注意を要する訳語に対しては、原語を併記するか、または原語のルビを振ったものがある。

一　意味のまとまりを示すため〈　〉を使用したところがある。

一　読者の便宜のため原文に無かった小見出しを付した。

はじめに

この試論は学位論文でも集大成でもないが、長いあいだの研究の成果である。これは歴史について、西洋史における時代についての、ひとつの考察である。一九五〇年以来、私はその西洋史に含まれる中世とつき合ってきた。一九五〇年当時、私は教授資格試験に通ったばかりだったのだが、その審査委員の委員長はフェルナン・ブローデルで、中世史を代表してモーリス・ロンバールが参加していた。

だからこれは私が長いあいだ温めていた著作で、それを私が気になっているアイデアで膨らませた。それらはすでに、いろいろな形であちこちに公表してきたものである。[*1]

＊1　とりわけ、一九八〇年から二〇〇四年のあいだに雑誌『歴史 L'Histoire』に掲載されたイン

タビューやさまざまな記事を集めた以下の本を参照のこと。*Un long Moyen Âge*, Paris, Tallandier, 2004, rééd., Hachette, « Pluriel », 2010.

歴史も、歴史の素材である時間も、まずは連続したものとしてあらわれる。しかし歴史はまた変化からつくられてもいる。だから専門家たちは昔から、この連続のなかからいくつかの断片を切り出すことで、こうした変化をしるし、定義しようとしてきた。これらの断片はまず歴史の「年代 âges」と呼ばれ、ついでその「時代 périodes」と呼ばれた。

「グローバル化」の日常生活への影響が日に日に感じられるようになっている二〇一三年に書かれたこの小著は、連続、転換といった、時代区分を考える際のさまざまなアプローチについて再考する。歴史の記憶をどう考えるかという問題である。

そんなさまざまなタイプの時代区分を研究していくうちに、「長い中世」とでも呼びうるものが見えてくるように私には思われる。そしてそれが見えてくるのは、とりわけ、十九世紀以来人々が「ルネサンス」に与えようとした意味と、そのような「ルネサンス」が占める中心的役割とを再検討する場合である。

別の言いかたをするなら、ある時代から別の時代への移行という一般的な問題をあつかいながら、私は特殊事例を検討する。つまり「ルネサンス」の新しさと言われているもの、「ルネサンス」と中世との関係をどうとらえるかだ。この本はしたがって、西洋の長い中世の主だった特徴を明らかにする。その期間は、古代後期（三～七世紀）から十八世紀半ばまで及ぶことになろう。

このような提言は、いまや共有されている歴史のグローバル化への意識に背を向けるものではない。現在と未来にうながされ、歴史学の諸分野は時代区分の体系を更新する。この手探りの一巻は、そんな不可避の仕事にも貢献したいと願っている。[*1]

＊1　巻末の参考文献一覧をたよりにさらなる読書を進めることで、本書ではほとんど触れられていない問題を深めることができる。

「ルネサンス」の「中心的役割」がこの試論の中心主題になっており、私が情熱を込めて研究生活を捧げた中世についての、われわれのあまりに狭い歴史観を一新することを呼びかけているのだが、提起されている問題はおもに、「時代」に区分けできる歴史という概念そのものに関わっている。

というのも、歴史がひとつの連続なのか、あるいはいくつかのます目に区分けできるのかは、依然として決められない問題だからだ。言いかたを変えるなら、歴史を切り分けることは本当に必要なのか、ということになる。

こうした歴史記述の問題に光を当てながらも、歴史のグローバル化に関する新たな考察をもたらすことに、本書はささやかながらも貢献したいと願っている。

序論

その誕生とともにあらわれた人類の本質的問題のひとつが、地上の時間の支配であった。日常生活を組織することが、暦《こよみ》によって可能になった。暦はほぼつねに、おもに太陽と月という二つの参照基準によって、自然の秩序と結びついていたからである。しかし暦が定義するのは一般に円環的な一年周期の時間であり、より長期の時間を考えるのには有効でない。現在にいたるまで未来を正確に予言することはできないままだが、それでも長い過去を支配することは人類にとって重要である。

過去を組織するために人はさまざまな言葉を用い、「年代 âge」と言ったり「期 époque」と言ったり「周期 cycle」と言ったりしてきた。しかしもっとも適当なのは「時代

période」という言葉であろう。période は、循環する道を意味するギリシア語の *periodos* から来ている。[*1] この言葉は、十四世紀から十八世紀のあいだに、「期間」や「年代」の意味をもつようになる。二十世紀には、ここから時代区分 périodisation が派生した。

＊1　Raphaël Valéry et Olivier Dumoulin (dir.), *Périodes. La construction du temps historique. Actes du Vᵉ colloque d'Histoire au présent*, Paris, Éd. de l'EHESS, 1991; Jean Leduc, « Période, périodisation », in Christian Delacroix, François Dosse, Patrick Garcia et Nicolas Offenstadt (dir.), *Historiographies, Concepts et débats II*, Paris, Gallimard, « Folio Histoire », 2010, p. 830-838. Âge に関しては以下を参照せよ。Auguste Luneau, *L'Histoire du salut chez les Pères de l'Église, la doctrine des âges du monde*, Paris, Beauchesne, 1964. Époque という語は次の大著の一部に解説がある。Krzysztof Pomian, *L'Ordre du temps*, Paris, Gallimard, 1984, chap. III « Époques », p. 101-163.

「時代区分」という言葉が、この試論の導きの糸となる。この言葉が示すのは人間が時間に対して働きかける行為であり、その区切りが中立ではないという事実が強調されている。本書では、人間が時間を時代に区切った際のさまざまな理由を明らかにしていく。その理由がどの程度あからさまで、はっきり自認されたものかは場合によるが、しばしばそこには、彼らが時代に与える意味と価値を浮き彫りにするような定義が添えられている。

時間を時代に区切ることが歴史にとって必要であるのは、歴史を、社会の進化の研究、または特殊なタイプの知や教育、あるいはまた単なる時間の推移という、一般的意味でとらえる場合である。だがこの区切りは、単に時間的順序をあらわすものではない。そこには同時に、移行や転換があるという考え、それどころか前の時代の社会や価値観の否定さえもが表現されているのだ。したがって時代には特別な意味がある。時代の推移そのもの、あるいはその推移が想像させる時間的連続やその逆に切断がもたらす問題において、時代は歴史家の重要な問いなおしの対象となっているのである。

この試論は、習慣的に「中世」「ルネサンス」と呼ばれているもののあいだの歴史的関係を検証する。そして、こうした概念自体が歴史のなかで生まれたわけだから、これらの概念があらわれた時代とその当時これらの概念がもっていた意味に、私は格別の注意を払っていこうと思う。

「時代」と「世紀」はしばしば結びつけられる。「世紀 siècle」という言葉が、厳密には「00」のつく年〔の翌年〕からはじまる「百年で区切られた時代」という意味であらわれるのは、十六世紀のことにすぎない。それ以前には、*sæculum* というラテン語の言葉は、日常世界（「俗世に生きる vivre dans le siècle」という言いかたがあるように）だったり、定義のあいまいなかなり短い時代（栄光のもととなる偉大な人物の名を冠している。例えば「ペリクレスの世 siècle de Périclès」「カエサルの世 siècle de César」）だったりを意味していた。世紀の概念には欠陥がある。社会生活において「００」のつく年が転換の年になることはまれなのだ。だから人は、ある世紀が節目の年の前や後にはじまるとか、それが百年以上続くとか、反対にもっと早く終わるとかいうことを、ほのめかしたり断言したりもした。たとえば、歴史家にとって十八世紀は一七一五年〔ルイ十四世逝去の年〕にはじまり、二十世紀は一九一四年〔第一次大戦開戦の年〕にはじまるのである。

こうした欠陥にもかかわらず、歴史家にとってだけでなく、過去に言及するすべての人々、つまりは非常に大勢にとっても、世紀は欠かすことのできない年代記的概念となった。

しかし、時代と世紀は同じ必要性に応えているのではない。二つが重ね合わされているときでも、それは便宜的にそうなっているにすぎない。例えば、ひとたび「ルネサンス」という言葉が――これがもたらされたのは十九世紀のことだが――時代を画する目印になると、人々はこの時代を、ひとつあるいは複数の世紀に一致させようとした。ところで、ルネサンスはいつはじまったのか。十五世紀か、十六世紀か。時代の開始を定め正当化するのはたいていの場合困難であるということが、やがて明らかになる。そして以下で見るように、この困難を解決するやりかたは無意味なものではないのだ。

時代区分は、時間をわがものとするための、いやむしろ時間を利用するための助けになるが、ときにはそこから過去の評価にまつわるさまざまな問題が浮かびあがる。歴史を時代に区分けするということは、複雑な行為である。そこには主観性と、なるべく多くの人に受け入れられる結果を生み出そうとする努力とが、同時に込められている。これはたいへんに面白い歴史の研究対象であると私は思う。

序論を終えるにあたって、とくにベルナール・グネ[*1]が述べた以下のような点を強調しておきたい。われわれが「社会科学としての歴史」と呼ぶものが、「科学的」とは言わないまでも合理的知の対象となるには、それなりの時間がかかった。人類全体に関わるこの知が本当の意味で形づくられたのは、十八世紀にこれが大学や学校のなかに入ったときのことにすぎない。歴史が知識となるにあたり、教育がその試金石の役割を果たすのだ。時代区分の歴史を理解するためには、この事実を思い起こしておくことが重要である。

＊1　Bernard Guenée, article « Histoire », in Jacques Le Goff et Jean-Claude Schmitt (dir.), *Dictionnaire raisonné de l'Occident médiéval*, Paris, Fayard, 1999, p. 483-496.

古い時代区分

歴史記述や歴史研究のなかで市民権を得る以前から、人は時代概念を用いて過去を組織していた。このような時間の分割は、とりわけ修道士たちによってもたらされたものである。彼らは、宗教的基準に照らしあわせたり、聖典から取られた人物たちの名前を用いたりしていた。私の目的は、時代区分が西洋の知識と社会的・知的実践とに何をもたらしたのかを示すことである。したがって、ヨーロッパで採用された時代区分に話をとどめることにする。たとえばマヤ文明のようなその他の文明では、異なるシステムが用いられていた。

パトリック・ブーシュロンの監修のもとで最近出版されたすばらしい研究書[*1]は、グローバル化の波から着想を得て、十五世紀の世界をひとつの時代区分に統合することなく、当時のさまざまな国々の状況を比較している。西洋がつくりだし押しつけた長期的歴史の時代区分を再検討し、全世界に唯一の時代区分を適用したり、複数の時代区分を採用したりする試みは、現在数多くなされている。なかでも注目すべきなのは、フィリップ・ノレルの著作『世界経済史』[*2]の最後の考察と、とくに結論で提示されている紀元前千年から今日までの主要文明対照年表である。

＊1　Patrick Boucheron (dir.), *Histoire du monde au XVe siècle*, Paris, Fayard, 2009.

＊2　Philippe Norel, *L'Histoire économique globale*, Paris, Seuil, 2009, p. 243-246.

ダニエルの四つの王国

ユダヤ＝キリスト教の伝統のなかで用いられる時代区分には、もともと二つのモデルがあり、それぞれが象徴的数字をもっている。四季にもとづく四と、人生の六つの年代からくる六である。人生の個人的年代と世界の普遍的年代は、並行関係にあるばかりか、たがいに影響を及ぼしあっていることが指摘されている。[*1]

＊1　Agostino Paravicini Bagliani, « Ages de la vie », in Jacques Le Goff et Jean-Claude Schmitt, *Dictionnaire raisonné de l'Occident médiéval*, *op. cit.*, p. 7-19.

時代区分の最初のモデルは、旧約聖書の預言者ダニエルが唱えるものである。幻のなかで預言者は四頭の獣を目にするが、これらはあいつぐ四つの王国の化身だ。四頭すべてで創造から終末までの世界の時間が完成するであろう。これら四つの王国の王である獣たちのむさぼりあいが続く。四番目の王は「時を変え」ようとするが、「いと高き方」を冒瀆し、その計画を試練にさらす。そのとき、「人の子のような者が天の雲に乗り」やってくる。「日の老いたる者」は彼に「権威と栄光と王権」を与え、「諸国、諸侯、諸言語の民は皆、彼に仕え」ることとなる。その権威は永遠であり、色あせることも損なわれることもないであろう。[*1]

＊1　ダニエル書、第七章。

クシシトフ・ポミアンが指摘しているように、とくに十二世紀以降、ダニエルの時代区分を年代記作者や神学者が受けついだ。[*1] 彼らは、神聖ローマ帝国をダニエル書の最後の聖なる帝国の後継者とする、帝権移転《トランスラツィオ・インペリイ》の考えかたを主張したのだ。十六世紀には、フィリップ・メランヒトン（一四九七―一五六〇）が世界史を四つの王国に分けている。そしてダニエルの系譜にある時代区分は、一五五七年に書かれたヨハネス・スレイダヌス（一五〇六？―一五五六）の本『四世界帝国論』にも見られる。

＊1　Krzysztof Pomian, *L'Ordre du temps, op. cit.*, p. 107.

アウグスティヌスの六つの年代

ユダヤ＝キリスト教がもつもうひとつの時代区分のモデルが、ダニエルのモデルと同時に流布していた。中世キリスト教にとっての重要な原典である聖アウグスティヌスがその出どころである。『神の国』第九巻で、アウグスティヌスは六つの時代を区別している。最初の時代はアダムからノアまで、第二はノアからアブラハムまで、第三はアブラハムからダビデまで、第四はダビデからバビロン捕囚まで、第五がバビロン捕囚からキリスト誕生まで。そして第六の時代は、時の終わりまで続くのである。

ダニエルもアウグスティヌスも、時間を区切る際に自然のサイクルから想を得ている。ダニエルの四つの王国は、四つの季節に対応している。それに対してアウグスティヌスの六つの時代は、天地創造の六日間にも関わりがあるが、人生の六つの年代を指し示してもいる。すなわち幼年期《インファンティア》、少年期《プエリティア》、思春期《アドゥレスケンティア》、青年期《ユヴェントゥス》、壮年期《グラウィタス》、老年期《セネクトゥス》である。しかし、二人はどちらもその時代区分に象徴的意味を付与している。遠い過去の時間を理解するにあたって、時代の連続が中立的であることはありえない。そこには、時間や「歴史」――それがそう呼ばれるのは、何世紀にもわたる準備ののちではあるが――に対するさまざまな感情があらわれるものである。[*1]

＊1　時代なり暦《こよみ》なりを創り、使用した人々とは別に、年代記作者《クロノグラフ》と呼ばれる、分割された時間の使用者たちがいたことを思い起こしておこう。フランソワ・アルトーグによるみごとな定義と紹介を参照のこと。François Hartog, « Ordre des temps: coronographie, chronologie, histoire », in *Recherches de Sciences Sociales, 1910-2010. Théologies et vérité au défi de l'histoire*, Leuven-Paris, Peeters, 2010, p. 279 *sq.*

ダニエルは、新バビロニアのネブカドネザル王に四時代説を解説する際、それぞれの王国にはその前の王国と比べて衰退が見られるであろうと述べている。その最後に来るのは、神が「人の子のような者」[*1]（教父たちはここにイエスの姿を見ようとした）を地に遣わすことで創建した王国である。この王国は、世界と人類を永遠へと導くであろう。したがってこの時代区分のなかでは、原罪から生まれた退廃という考えかたと永遠の未来への信仰とが結びつけられている。ダニエルはこのことは言わずほのめかすだけだが、永遠は選ばれた者たちには幸福であり、地獄に落ちた者たちには不幸となるであろう。

＊1　ダニエル書、第七章、第一三節。

アウグスティヌスのほうは、徐々に進行する衰微に重きをおき、それを老いによってしめくくられる人生に例えている。アウグスティヌスの時代区分のおかげで年月の経過に対する悲観的態度が強くなり、それは中世初期の修道院でもしばしば支配的になった。ギリシア・ローマの言語や文学が次第に教育から姿を消すとともに、衰退の感情が勝利をおさめた。そして「世界は老いる《ムンドゥス・セネスキト》」という表現が、中世の初めの何世紀かのあいだ、ひろく用いられるところとなった。老いていく世界というこの理論は、十八世紀までのあいだ、進歩の概念が生まれるさまたげとなったのだ。

とはいえアウグスティヌスの文章は、来るべき時は改善することが可能であることをほのめかしている。第六の時代は、イエスの受肉にはじまり最後の審判まで続く。これらの出来事は、過去の退廃は償い、未来には希望をもつことをうながしている。そのあいだも人間は、たとえすぐさま堕落し原罪によって人類の時を損なっているとはいえ、あいかわらず「神に似せて」創られた存在なのだ。中世はこのように、人間のうちに世界と人類を改革する天性を認めつづける。そのような天性が、やがてルネサンスと呼ばれるようになるのだ。

キリスト誕生の年

人類が時間の支配のためにおこなった努力をこのように検討していくなかで、後世に多大な影響をもたらしたある出来事に注目しなければならない。ローマで暮らしたスキタイ人著述家ディオニュシウス・エクシグウスは、西暦の六世紀になって、イエス＝キリストの受肉の前後に根本的切断を導入することを提唱する。なるほど、のちに旧約聖書研究の専門家たちが計算したところによれば、ディオニュシウスはおそらくまちがっており、イエスは彼の定めた年の四、五年まえに生まれたようである。しかしそれはここではたいした問題ではない。以後西洋においても、そして国連が認める国際水準においても、世界と人類の時間はおもに、「イエス＝キリスト以前」と「以後」という形で表現されている。それがことの本質であることに変わりはない。

二十一世紀初頭の現在、世界のあちこちで、「グローバル化」と呼ばれる傾向にあわせて、時をグローバル化するための研究がおこなわれている。さまざまな制度や、文化・宗教間交流において、西洋の時代区分が他の文明に対して押しつけられているからである。歴史における時代区分は、人類にとって不可欠な仕事ではあるものの、多くの疑念を生じさせる。この状況、こうしたグローバル化に向けての正当な努力は、そんな疑念の中心から発しているのである。

後世の時代区分

中世にアウグスティヌスの六つの年代理論をよみがえらせた偉大な精神のもち主のうち、

名をあげるべきは、たとえばセビリアのイシドルス（五七〇頃―六三六）である。イシドルスは『語源』〔全二十巻で、中世最初の百科事典とみなされる〕の作者として名高い。またアングロ＝サクソン人の尊者ベーダ（六七三―七三五）は、偉大な時の神学者である。とくに『年代計算論』の最後は、七二五年までの世界年代記によってしめくくられている。ロワイヨーモン修道院で働いたドミニコ会士ボーヴェのウィンケンティウス（一一九〇頃―一二六四）は、ルイ九世（聖王ルイ）に三部構成の百科事典を献じた。その第三巻にあたる『歴史の鏡』は、アウグスティヌスの時代区分を用いている。

宗教的時代区分の延長にありながら、中世は時間のとらえかたをほかにもいくつかもっていた。私が取りあげるのは、作品と作者の威光からみてそのうちもっとも重要と言えるであろう例である。ジェノヴァのドミニコ会士ヤコブス・デ・ウォラギネ（一二二八―一二九八）の『黄金伝説』のなかに見られる時間観だ。私は最新の著作で、『黄金伝説』が長いあいだ言われてきたような聖人伝を語る作品ではないことを示そうと試みた。[*1] その目的は、神が人間のために創造して与えた時間のなかであいついであらわれる、キリスト生誕を中心点としてもつ諸時代を、描写し説明することなのだ。

＊1 *Jacques Le Goff, À la recherche du temps sacré. Jacques de Voragine et la Légende dorée*, Paris, Perrin, 2011.

ウォラギネによれば、この時間は、サンクトラーレとテンポラーレという二つの原則によって定義される。サンクトラーレは百五十三人の聖人――この数は新約聖書の奇跡の漁りのエピソードで獲れた魚の数と同じだ――の生活にもとづいている。テンポラーレは、典礼と、そこに反映している神と人間とのあいだの発展過程により組織されている。ウォラギネにとって人類の時間とは、神がアダムとエバに与えたが、彼らの原罪によって汚されてしまった時間である。この時間は、人として生まれたイエスの受肉と死によって部分的に罪をあがなわれ、イエスの死後は人類を世界の終わりと最後の審判へと導いていく。

こうして画定された時間から、四つの時代区分が生じる。最初の時代は「逸脱」の時で、アダムからモーセまで続く。次のモーセからキリスト降誕までの時代は、「改革」の、「警告」の時だ。キリストの受肉が第三の、短いが非常に重要な時代を出現させる。復活から聖霊降臨までの「和解」の時である。最後に「現在の時代」、それは「遍歴」の時である。人は地のうえで巡礼し、最後の審判の際、行いと信心によって天国あるいは地獄へと連れていかれるであろう。

ヴォルテールの四つの世紀

世界史を四時代に分けたもののうちでももっとも驚くべきは、ヴォルテールの例であろう。『ルイ十四世の世紀』(一七五一)に彼はこう書いている。

どの時代も英雄や政治家を生んだ。どの民族も革命を体験した。ただ事実のみを記憶にとどめたいと望む者にとっては、どの歴史もほとんど変わるところはない。しかし、考える者なら誰しも、そしてさらにまれな人々だが、趣味を持つ者なら誰しも、世界史のなかに四つの世紀しか数えないであろう。いずれも芸術が完成を見、人間精神の偉大さが表現された恵まれた時代であり、後世の模範となっている。[*1]

＊1 この文章はすでにポミアンに引用されている。Krzysztof Pomian, *L'Ordre du temps*, *op. cit.*, p. 123-125.

ヴォルテールはこのように「世紀」という言葉を、当時はまだ比較的新しかった「百年の期間」の意味ではなく——この意味があらわれたのは十六世紀の終わりで、普及したのは十七世紀のことにすぎない——、ある種の最盛期に相当する時期という意味で用いているのだ。ヴォルテールにとって、これら四世紀のうちの第一は、古代ギリシアの世紀、フィリッポス二世とアレクサンドロス大王、ペリクレス、デモステネス、アリストテレス、プラトンたちの世紀である。第二は、カエサル、アウグストゥスの世紀で、ローマ帝国時代の偉大な作家たちによって名高い。第三は、メフメト二世によるコンスタンティノープル征服に続く世紀で、その威光はとくにイタリアにあらわれた。第四は、ルイ十四世の世紀である。ヴォルテールはこれを「四つのうちでも完全にもっとも近づいた世紀かもしれない」と評している。進歩のおもなものは、理性、哲学、芸術、精神、風俗、統治の分野で起こった。

この時代区分は、傑出した四つの時代を浮き彫りにしてはいるものの、われわれの研究の観点からみると、残りの時期を闇のなかにおくという誤りをおかしている。そして、中世はまさしくこの闇のなかにあるのである。したがってヴォルテールもまた、ルネサンスや近代と対立させたりはしていないが、中世を闇の時代ととらえていたということだ。ヴォルテールのアプローチはそれでも、イタリアの十五世紀後半の重要性を認めているという点で、われわれの研究にとって興味ぶかい一面をもっている。

ダニエルの四王国と聖アウグスティヌスの六つの年代という、二つの並行して存在した時代区分は、十八世紀までひろく存続した。しかし、中世には、時間に関するべつの考えかたも生まれた。それが形になったのは十四世紀のことである。

中世の出現

たしかにディオニュシウス・エクシグウス（本書二三頁を見よ）以降、キリスト教世界に生きる人々は、少なくともそれが聖職者と信徒のエリート層であるかぎり、キリストの出現とともに、そしてとりわけコンスタンティヌス帝が四世紀初頭にキリスト教に改宗したことによって、人類が新たな時代に入ったということを知っていた。とはいえ、過去の公式の時代区分のようなものはなにもなく、年代にもたらされた唯一の切断といえば、それはあいかわらずキリストの降誕であった。時代区分の意志は、十四世紀から十五世紀になってはじめてあらわれた。まさに、最初に定義を得た時代が終わろうとしているときのことである。それがすなわち中世だ。

中世にもすでに旧と新という概念が行きわたっており、それはある程度異教徒とキリスト教徒に対応しているのだが、奇妙なことに先立つ時代である古代に関しては、まだ定義がなされていないことに注意しよう。ラテン語の antiquitas〔「古さ」「年月」〕に由来する Antiquité〔現代フランス語では大文字で書いて「古代」を意味する〕という言葉は、当時は「老い」を意味していた。これは、キリスト教の時代以前にも、人類が老いているというアウグスティヌス的概念が存在していたことを示している。

「中間の時代」

十四世紀以降、いやとくに十五世紀になって、とりわけイタリアの詩人、作家たちのあいだに、自分たちは新たな大気のなかで進化しており、みずからがこの前例のない文化の産物でも先導者でもあるとの感情を抱く者たちがあらわれた。彼らはしたがって、自分たちが抜け出したことを幸いと考えている時代を、否定的に定義しようとした。彼らとともに終わるこの時代がはじまったのは、おおよそローマ帝国の終わりのことであるとされた。

こちらは、芸術と文学を体現していると彼らの目に映る時代であり、偉大な作家たち――もっとも彼らのこの作家たちについての知識はきわめて乏しいのだが――の活躍を目撃した時代である。すなわち、ホメロス、プラトン（アリストテレス学説だけは中世にも活用された）、キケロ、ウェルギリウス、オウィディウスなどだ。彼らが定義を試みるこの時代の唯一の特徴は、したがって想像上の古代と想像上の現代のあいだに位置しているということだけだった。彼らはこの時代を「中間の時代《メディア・アエタス》」と名づけた。

この表現を最初に用いたのは、十四世紀イタリアの偉大な詩人ペトラルカ（一三〇四―一三七四）であった。十五世紀になってこれに続いたのが、とくにフィレンツェの、詩人たちや、とりわけ哲学者たち、倫理学者たちである。彼らはみな、自分たちがある新しい道徳と価値観を体現していると感じていた。そこで重要となるのは、神や使徒たち、聖人たちなどの優越性よりもむしろ、みずからのおかれた状況のなかで美徳と力を有する〈人間〉であった。そのため彼らは「人文主義者〔人間主義者〕」と名のったのである。このようなか、名高い人文主義者だった教皇司書ジョヴァンニ・アンドレア（一四一七―一四七五）の一四六九年の著作のなかに、はじめて「中世」という言葉が年代上の時代区分という意味で用いられているのが見られる。アンドレアは、「中世《メディア・テンペスタス》の先人たち」と「われらが世の現代人たち」を区別しているのである。

それでも「中世」という表現は、十七世紀の終わりまでは普及しなかったようである。フランス、イタリア、イングランドでは、十六世紀ととりわけ十七世紀には、むしろ「封建制」という言いかたがなされていた。しかしイングランドでは、教養人たちがこの時代を指してしだいに「闇の時代《ダーク・エイジス》」という表現を用いるようになった。そして一六八八年、ドイツ人でルター派の歴史家クリストフ・ケラリウス（ケラー）が、著書『世界史』の第二巻ではじめて中世を定義し、コンスタンティヌス帝の治世にはじまり一四五三年のオスマン帝国によるコンスタンティノープル陥落にいたる時代とする。[*1]ついにはこの表現、もしくはこれに近い同等の意味をもつものが、ライプニッツからルソーにいたる十八世紀の哲学者たちのあいだでさかんに用いられるようになる。

＊1　しかし *Media Ætas* という表現はすでに一五一八年にスイスの学者ヨアヒム・フォン・ワット（ヨアヒム・ヴァディアン）に見られ、一六〇四年にはドイツの法律家メルヒオール・ゴルトアストが *Medium Ævum* という形を用いている。以下を参照のこと。George L. Burr, « How the Middle Ages got their name ? », *The American Historical Review*, vol. XX, n° 4, juillet 1915, p. 813-814.

この記事のことを教えてくれたジャン＝クロード・シュミットに感謝する。

もっとも、中世が否定的な意味あいを捨て、ある種の輝きを帯びるようになるためには、十九世紀のロマン主義の時代を待たなければならない。ヴィクトル・ユゴーの『ノートルダム・ド・パリ』が出版され、フランスでは一八二一年に古文書学校が創立され、ドイツでは一八一九年から一八二四年にかけて『モヌメンタ・ゲルマニアエ・ヒストリカ』（ドイツの古い史料、とくに中世のそれが刊行された）が編纂されるのである。「まず解放の時代には、告発され、ののしられ、蔑まれた中世を、いま人は熱心に研究しはじめている。そこには情熱さえ感じられるのだ」。一八四〇年、ヴィクトル・クザンはそう書いている。[*1]

＊1　Victor Cousin, *Œuvres, 1.1: Cours de l'histoire de la philosophie*, Bruxelles, Hauman & Cie, 1840, p. 17.

中世史は科学的・社会的なものとなったが、やがて普遍的であることもめざす。アメリカ人のチャールズ・ハスキンズ（一八七〇—一九三七）とその著書『十二世紀ルネサンス』[*1]、それからとくにフランス人のマルク・ブロックとアナール学派によって、中世は創造的時代へと変貌する。それは光と影を併せもつ時代だ（中世とはとりわけ「カテドラルの時代」である）。それでも、歴史家にとって中世のもつ軽蔑的意味は消え去ったとはいえ、「もはや中世ではないのだ」というような言いまわしはまだ残っている。これは中世の暗黒イメージが存続していることを物語っているのだ。

＊1 Charles Homer Haskins, *The Renaissance of the Twelfth Century*, Harvard University Press, 1927.〔チャールズ・H・ハスキンズ『十二世紀ルネサンス』別宮貞徳・朝倉文市訳、みすず書房、新装版、二〇〇七年〕

十五世紀から十八世紀末まで続いた中世に関するこうした否定的なとらえかたの歴史を、エウジェニオ・ガレンがたどっている。[＊1] ヨーロッパの思想家たちが中世に対して、かたや革新と再生、かたや暗黒の概念を結びつけてきたことを、ガレンは明らかにする。結果として、中世は無知に特徴づけられる闇の時代となった。十九世紀初頭になってようやく、中世についての新しい肯定的イメージを打ちだす陣営と、暗黒の中世観の持ち主たちのあいだで論争が起こった。前者の代表は、『未開世紀礼賛』（一八二四）の著者コンスタンティノ・バッティーニ（一七五七―一八三二）であり、後者の見かたは、十八世紀末のサヴェリオ・ベッティネッリのうちに典型的にあらわれている。

＊1 Eugenio Garin, « Medio Evo e tempi bui: concerto e polemiche nella storia del pensiero dal XV al XVIII secolo », in Vittore Branca (dir.), *Concetto, storia, miti e immagini del Medio Evo, Florence, Sansoni*, 1973, p. 199-224.

人文主義、ルネサンス、古代

歴史を時代に分けることは、けっして中立的で無邪気な行為ではない。近現代における中世のイメージの変遷を見ればそれは明らかである。このイメージを通じて表現されるのは、一定の定義を得た歴史の流れに与えられる評価であり、集団的な価値判断である。それに、ある歴史的時代のイメージは時とともに変化していくものだ。

時代区分は人為であり、それゆえ自然でもなければ、永久不変でもない。歴史そのものの移り変わりとともに、時代区分も変わる。そういう意味で、時代区分の有用性には二つの側面がある。時代区分は過去の時間をよりよく支配するのに役立つが、また、人間の知が獲得したこの歴史という道具のもろさを浮き彫りにもしてくれるのである。

「中世」という言葉には、人類が輝かしい時代の外に出て、おそらくそれに劣らぬきらびやかな時代に入るのを待っているとの考えが表現されている。これが広まったのは前述のように十五世紀のおもにフィレンツェにおいてである。そのためこの町は人文主義humanismeの中心とみなされる。humanismeという言葉は十九世紀以前には一般化していない。これが人間を思考や社会の中心に据えるような思想を指して用いられるのは一八四〇年頃のことである。この意味が見られるのはまずドイツのようだが、一八四六年にはピエール＝ジョゼフ・プルードン〔フランスの社会主義・無政府主義者〕が用いている。「ルネサンスの人文主義者humanistes de la Renaissance」という言いかたがあらわれるのは、一八七七年のことだ。「ルネサンス」という言葉が定着するには、「中世」の場合より時間がかかっているのがわかる。ルネサンスと中世の対比に関して言うなら、それはジュール・ミシュレのコレージュ・ド・フランスにおける講義にはじまっている。この問題はのちにくわしく触れることにしよう〔本書五八―六八頁を見よ〕。

「中世」から「古代」に目を転じても、その概念はやはりあいまいで、なかなか定まらない。中世の学者にとって、「古代」の概念はもっぱらギリシア・ローマに限定されている。なんらかの形で中世の母体となったと言えるような古代というものがある。古代と呼ばれることの時代は、中世の大部分の聖職者たちの模範であり郷愁だからである。それにもかかわらず、この古代の観念が姿をあらわすのは十六世紀のことにすぎず、それもまだぼんやりとしている。モンテーニュは自身のイタリア旅行（一五八〇―一五八一）を物語るなかで「古代 Antiquité」という言葉を使っている。それはわれわれが用いる意味においてで、中世に先立つ時代としての古代だ。しかしデュ・ベレーが『ローマの遺跡 Antiquités de Rome』（一五五八）でこの語を用いるとき、それは複数なのだ。(1)

イタリアの特殊性、古代後期

二つの点に注目しておこう。第一に、歴史的時間の時代区分をめぐるこの長い歴史のなかでイタリアがもっている重要性である。異教の時代からキリスト教の時代にいたるまで、神話が語る紀元前七五三年のロームルスとレムスによる創建にはじまる西洋の時間を計ってきたのはローマである（ただし、この年号は当時は存在していなかったことを思い出しておこう。キリストの誕生がキリスト教の時代区分のなかに登場して勝ち誇るのは、六世紀のディオニュシウス・エクシグウス以後のことにすぎない)。イタリアは、中世史のなかで特別な位置を占めていると言えるような特徴を、ほかにもいくつかもっている。ロンバルド人やシャルルマーニュによる征服を受けたこと、ローマに教皇が居を定め、彼が教会だけでなく教皇領の長ともなっていたこと、王政が支配するヨーロッパにおいて「コミューン」の体制をもっていたこと、(とくに東洋との)商業や芸術が発達していたことなどである。このようなイタリアの特殊性については、のちに「ルネサンス」という言葉の出現について論じる際にくわしく触れることにする。

第二点は、いわゆる「古代」と「中世」のあいだの移行に関わる問題だ。古代の終わりは長いあいだ、ときにはコンスタンティヌス帝のキリスト教改宗(ミラノ勅令、三一三)と、ときにはビザンティン皇帝に対する西ローマの帝位返還(四七六)と重ね合わされてきた。しかし多くの歴史家たちは、ひとつの時代から別の時代への変化が、長期にわたる、

(1) フランス語のAntiquitéは、十六世紀に「古代」の意味をもつようになるが、モンテーニュの時代には、複数形における「古代から残る建造物や芸術作品」の意味もすでに一般化していた(*Dictionnaire historique de la langue française*)。

段階的な、重複に満ちた過程であることを強調した。したがって、二つの時代のあいだにはっきりした転換の日づけを定めることは不可能だとの意見が生まれた。今日優勢になっているのは、三世紀から七世紀にわたるような変化を考えるアプローチである。この期間は、これを最初に Spätantike(2) と定義したドイツ人歴史家たちにならって、「古代末期」と呼ばれるようになっている。[*1]

＊1　古代末期についてはベルトラン・ランソンの著書が明快である。Bertrand Lançon, *L'Antiquité tardive*, Paris, PUF, « Que sais-je ? », 1997.〔ベルトラン・ランソン『古代末期――ローマ世界の変容』大清水裕・瀧本みわ訳、文庫クセジュ、白水社、二〇一三年〕

封建制

マルクス主義者たちのあいだに見られる、もうひとつのタイプの、生産力の変化に結びついた時代の区分がある。そのもっとも言及されることの多い例は、方法論的観点から取りあげておくべきである。もととなったのは、ドイツ分裂の時代の東ドイツに暮らした中世史家エルンスト・ヴェルナーが書いた一本の論文である。*1 ヴェルナーは党員でこそなかったが、マルクス主義史観をとっていた。彼にとって、古代から中世への移行は奴隷制から封建制への移行に対応している。私はこの問題は論じるに値しないと考えるのだが、その理由のひとつはこの「封建制」という言葉の妥当性である。この言葉はときに「中世」の代名詞として用いられるまでになっている。封土が、十八世紀の法律家にとっては、中世の体制における典型的な土地所有形態とみなされたためである。しかしこの語には、時代の富も変動も社会や文化の性質もあらわされてはいない。「中世」という呼び名は歴史のなかで軽蔑的意味をもたなくなっているようなので、使いつづけるほうが便利である。これはそのままにしておいていいだろう。

＊1　Ernst Werner, « De l'esclavage à la féodalité: la périodisation de l'histoire mondiale », *Annales ESC*, 17-5, 1962, p. 930-939.

（2）ドイツ語の Spätantike は、「遅い、末期の」を意味する形容詞 spät と、「古代」を意味する名詞 Antike からなる合成語。

本書は、長い中世の存在を示し、ルネサンスが特別な時代ではないことを明らかにしようとするものだが、最後には、たとえばジョルジュ・デュビィの『歴史は続く』[*1]や、とりわけフェルナン・ブローデルの長期持続に関する考察がもたらした観点が歴史研究のために切りひらいた新たな地平を目にすることになるだろう。

＊1　Georges Duby, *L'Histoire continue*, Paris, Odile Jacob, 1991.〔ジョルジュ・デュビー『歴史は続く』松村剛訳、白水社、一九九三年〕

しかしその前に、今はまず歴史の時代区分における決定的一段階を見ておかなければならない。物語、教訓話に属していた歴史というジャンルが、知の一部門、職業上の専門分野、さらには教育科目へと変貌するのである。

歴史、教育、時代

時代区分によって、歴史家はひとつの時間観を形にするとともに、過去についてのある連続した包括的なイメージを明らかにする。このイメージこそ最終的に「歴史」と呼ばれるようになったものにほかならない。

キリスト教の国には、とくにヨーロッパにおいては、時代区分というものをあらかじめさまたげているように思えながら、じつはそれを受け入れているような時間観が二つある。第一は時間の連鎖という概念で、ジャン＝クロード・シュミットが、十三世紀初頭のフランス王妃ブランシュ・ド・カスティーユの有名な詩篇集を用いてこれを浮き彫りにしている。[*1] しかし鎖というものはいくつかの連続体に分割されるし、そのひとつひとつがまた環の集まりであって長さもまちまちだ。したがって、鎖は時代区分に抗うものではない。時間に対する二つめのアプローチ——これもジャン＝クロード・シュミットがあつかっているテーマだが——は、聖史のなかで示されるようなそれである。ところが聖史というものもまた、旧約聖書のはじめの部分をみれば明らかなように、あいつぐ複数の時代へと細分化されうるのだ。モーセ五書から、預言者の書、さらに列王記や歴代誌のような真の意味で歴史的な書へと続いていく部分はその好例である。

＊1　Jean-Claude Schmitt, « L'imaginaire du temps dans l'histoire chrétienne », in *PRIS-MA*, t. XXV/1 et 2, n° 49-50, 2009, p. 135-159.

じつは、歴史のいかなる「客観的」理論を生むこともなかった円環的な時間をのぞけば、あらゆる時間概念は合理化され説明されて「歴史」になりうる。こうして、人間社会のもつ記憶のなかでも、歴史家の仕事のなかでも、ひとつあるいは何通りかの時代区分が生み出されるのだ。

一般に、西洋の歴史には二つの起源が考えられている。ひとつはとくにヘロドトス（紀元前五世紀）にはじまるギリシア思想であり[＊1]、もうひとつは聖書ならびにユダヤ＝キリスト教思想[*2]である。今日「歴史」と呼ばれるものは、そののちゆっくりと作りあげられたものだが、まずそれは特殊な知となり、ついで教育科目となった。この二つの進化は、歴史を時代に分割する必要が生じるために欠かせないものだった。

＊1　とくに以下を参照。François Hartog, *Le Miroir d'Hérodote. Essai sur la représentation de l'autre*, Paris, Gallimard, 1980. しばしば見られる神話や叙事詩から歴史への移行は、この場合、ホメロスからヘロドトスにいたるギリシアの時間思想の進化のなかで実現される。以下も参照のこと。François Hartog (dir.), *L'Histoire d'Homère à Augustin*, Paris, Seuil, 1999.

＊2　ここで私は、ヨシュア記に関するピエール・ジベールの説（*La Bible à la naissance de l'histoire*, Paris, Fayard, 1979）に基づいている。

年代記から歴史へ

特別な知としての歴史が形成される過程は、多くの研究の対象となっている。その代表として、ベルナール・グネの仕事をあげておこう[*1]。知としての歴史のさきがけとなるような書物の性格はさまざまで、著者のタイプも多岐にわたっている。教会あるいは自分の修道院の歴史に没頭した修道士がいると思えば、ジャン・フロワサール（一三三七?—一四一〇?）のような宮廷年代記の作者、ボーヴェのウィンケンティウスのような百科事典執筆者もいる。歴史作品の一部は巻物のうえに記載された。この仕組みそのものもまた歴史の連続性を想わせるものだ。

＊1 Bernard Guenée, *Étude sur l'historiographie médiévale*, Paris, Publications de la Sorbonne, 1977; *Histoire et culture historique dans l'Occident médiéval*, Paris, Aubier, 1980, rééd., 1991; « Histoire », art. cité, p. 483-496.

当時の世界で、近代的意味での歴史家にもっとも近い位置にあったのは、年代記作者である。しかし、最初の重要な大学が十二世紀末から十三世紀初頭にかけて設立され、それが十五世紀の終わりまでにヨーロッパ全体に広がってみると、この年代記の歴史は教育にはそぐわない性質のものであった。十六世紀から十八世紀の終わりにかけて、ものごとはゆっくりとしか変わっていかなかった。

十七世紀における学問の進歩（研究法から歴史史料の認定、取りあつかいにまでおよぶ）は、歴史というジャンルの変化のなかで中心的役割をはたした。何人もの偉大な碩学が名を馳せたが、そのなかには二人のフランス人が含まれていた。ビザンティン学者で辞書編纂者であるデュ・カンジュ（一六一〇―一六八八）は、とくに重要な『中世ラテン語辞書』（一六七八）の著者として知られている。また、ベネディクト会士のジャン・マビヨン（一六三二―一七〇七）は、おもにパリのはずれのサン＝ジェルマン＝デ＝プレ修道院で活動し、『古文書学』（一六八一）などを書いた。これは王令や証書についての学問の概論で、その解釈、研究のしかたをあつかっている。マビヨンのものとおなじ方面の業績は、イタリア人で、ラテン語で二十巻からなる『中世史料集』を出版した、ルドヴィコ・アントニオ・ムラトーリにも見られる。

十七世紀から十八世紀にかけて、おもに中世に関わるこの種の知が普及したことで、アルナルド・モミリアーノが「革命」と呼ぶものが起こった。[*1] 歴史家の感じる真実への愛は、いまや秩序だった証明を通してあらわされる。さまざまな時代区分は、以後、歴史的真実のさまざまな立証方法に基づくことになる。

＊1　Arnaldo Momigliano, *Problèmes d'historiographie ancienne et moderne*, trad. A. Tachet, Paris, Gallimard, 1983.

歴史教育の成立

しかし、歴史が時代区分を受けいれるような知に変貌するためには、教育という段階もまた必要である。教えられることで、歴史はたんなる文学ジャンルであることをやめ、そのすそ野を広げるのだ。十二世紀末以降ヨーロッパに誕生した大学は、ただちに歴史を教育科目にすることはないものの、この進化の過程で重要な役割をはたしている。

フランスに関して言うなら、十七世紀以前には歴史を教える試みはなされなかったようである。その努力もむなしく、フランソワ・ド・ダンヴィルは、イエズス会のコレージュに歴史教科があったことを証明できていない。[*1]

＊1　François de Dainville, *L'Éducation des jésuites. XVIe-XVIIIe siècle*, Paris, Minuit, « Sens commun », 1978.

アニー・ブリュテが明らかにしたように、十七世紀のあいだに、教育制度の変化と歴史家の実践にあと押しされて、学校、コレージュ、大学のなかへと歴史教育が入りこむ。[*1]こうして、歴史は王位継承者たちの教育に組みこまれたと言うことができる。たとえばボシュエは、ルイ十四世の息子である大王太子《だいおうたいし》を彼がどのように教育し、教育させているのか、その様子を伝える手紙を教皇に書き送っている。この王太子教育についての情報をいくらか非合法な形で入手した編集者、作家たちもおり、彼らはこれを剽窃したり作りかえたりしながら、みずからの書物を出版した。

＊1　Annie Bruter, *L'Histoire enseignée au Grand Siècle. Naissance d'une pédagogie*, Paris, Belin, 1998.

歴史教育は子供たちにも広まっていく。教師たちは授業にゲームや寓話、物語などを取りいれ、歴史の基礎が楽しみながら学べるような工夫をこらす。たとえばクロード＝オロンス・フィネ・ド・ブリアンヴィル（一六〇八―一六七四）の『概略フランス史』は、かずかずの逸話を紹介しながら、フランス王の治世の移り変わりを物語っている。デマレ・ド・サン＝ソルラン（一五九五―一六七六）の考案した「カードゲーム」は、王族の人々の登場するトランプだ。宗教もまた、歴史に新たな価値を見いだしている。のちのフルーリー枢機卿が一六八三年に出版した『聖史による教理』は、その一例である。

ただ、早とちりは禁物だ。歴史はまだ本当の意味での教育科目になったわけではない。[＊1]それは十八世紀末から十九世紀初頭のことにすぎないのだ。フランスのケースがその好例となる。

＊1　たとえば以下を参照せよ。「フルーリーの企てには熱烈な反響があったのだが、早とちりは禁物である。聖史によって教理を語ることは、作者の頭のなかでは、本来の教理問答への導入にすぎないのだ」（Jean-Claude Dhôtel, *Les Origines du catéchisme moderne d'après les premiers manuels imprimés en France*, Paris, Aubier, 1967, p. 431）。

フランスで歴史教育のあと押しをしたのは、専門家たちによる原史料の継続的な編纂作業である。彼らは歴史家たちの先祖、あるいは最初の歴史家たちであった。まず登場したのは、創設者であるベルギーのイエズス会士ジャン・ボラン（一五九六―一六六五）の名を冠したボランディストである。ボランディストは、一六四三年以降『聖人行伝』を公刊した。キリスト教の聖人たちの生涯に捧げられたこれらの文章を通じて、「科学的」校訂の規則が適用され改善され、とりわけ聖人ひとりひとりについて、おもな原史料が公刊されたのである。この基本となる校訂本の出版は、のちに一八八二年創刊の雑誌『アナレクタ・ボランディアナ』のようなさまざまな学問的出版によって補われた。この学術社会においても、十九世紀まで、歴史の伝達速度はゆっくりとしたものだったのである。

十八世紀の終わりころ、いくつかの教育機関（たとえば一七七六年創立の陸軍学校準備級）で歴史の名のもとに教えられていたのは、むしろ道徳規範のたぐいである。この教育の中心目標は、ひとことで言うなら「歴史は人生の師なり」〔キケロ『弁論術』にある言葉〕だ。フランス革命前夜のこの時期、教育も善き市民を養成する目的に従っているようである。今日の歴史家や教師のなかにも、教育のこうした意図を否定しない者たちはいるであろう。

ナポレオン・ボナパルトの時代の一八〇二年にリセが創設され、規模はまだ小さいものの、中等教育における歴史教育が義務化される。フランスにおいて、中等教育における歴史教育の真のはじまりに当たるのは、王政復古である。これはマルセル・ゴーシェが明らかにしたとおりだ。一八一九年には全国作文コンクールに歴史部門が設けられる。歴史は、一八二〇年にはバカロレアの口頭試問に組み入れられ、一八三〇年には、歴史・地理の教授資格が創設される。すでに触れたが、一八二一年に古文書学校が創立されるのも、重要な出来事のひとつだ。

当時教科書で採用された時代区分は、おおむね、すでに歴史に一定の役割を認めていた革命前のコレージュのものを引きついでいる。それは、聖史と神話、古代史、国民史からなっている。この時代区分は、当時の支配者の二つの関心の反映である。ひとつは、キリスト教の形にせよ異教の形をとるにせよ、歴史のなかに宗教を残しておくこと。もうひとつは、国家を国民という呼び名のもとに重視するという、革命の意志に沿った関心である。

またフランスの場合、さらに十九世紀に特徴的なのは、正真正銘の歴史家たちが政治の要職に登用されることである。たとえばギゾーは、ルイ＝フィリップの治世のもとで、一八三〇年から一八四八年まで、内務大臣、教育大臣、外務大臣を歴任する。ヴィクトル・デュリュイは、ナポレオン三世の時代、一八六三年から一八六九年まで、教育大臣を務めている。世紀末には、エルネスト・ラヴィス、ガブリエル・モノー、シャルル・セニョーボスらが、歴史家の枠を超える。その初版がそのまま学校の教科書に採用されたラヴィスの『フランス史』は、いわば国民のための歴史の教科書になるのである。[*1]

＊1　この部分のために私はとくに、次のすばらしい論文を参照した。Patrick Garcia et Jean Leduc, « Enseignement de l'histoire en France », in Chr. Delacroix, F. Dosse, P. Garcia et N. Offenstadt (dir.), *Historiographies, Concepts et débats I*, *op. cit.*, p. 104-111.

大学と歴史

歴史がヨーロッパの大学教育に導入される過程は、歴史講座の創設を通してたどることができる。[*1]

*1 以下の素描のために、私はとくに次の注目すべき小著を参照している。Arnaldo Momigliano, *Tra Storia e Storicismo*, Pise, Nistri-Lischi, 1985.

ドイツは、もっともはやくから歴史が独立した知として認められ、その教育が広められる国であり、このようにして歴史が、大学の思想にも国民の精神にも、もっともふかく浸透する国である——ただし政治的には国は分断されたままなのだが。十六世紀の宗教改革が、歴史の地位向上の原動力となる。ウィッテンベルク大学では、十六世紀初頭から世界史が教えられている。一五二七年にマールブルクに創立されたプロテスタントの大学でも、一五三五年から一五三六年以降のプロテスタントのテューービンゲン大学でも、歴史教育は重要な役割を与えられている。歴史がなにかと抱きあわせで教えられることもあった。一五四四年にはケーニヒスベルク大学で歴史・修辞学講座が、同年にグライフスヴァルト大学で歴史・詩学講座が、一五四八年にイエナ大学で歴史・倫理学講座が創設され、さらに一五五八年ハイデルベルク大学に、一五六四年ロストック大学に、歴史・詩学講座が設けられている。ついには、一五六八年フリブール大学に、一七二八年ウィーン大学に、単独の歴史講座が創設される。

歴史学は、一五五〇年から一六五〇年にかけて、他とは独立した形でドイツ語圏で広まったとみなすことができる。そして十八世紀半ば以降のゲッティンゲン大学の歴史教育が、大学における歴史教育のモデルとなる。ドイツにおいて、フランスのギゾーやミシュレのように、歴史の人気をつくりあげた偉大な歴史家が二人いる。残念ながら未完だがローマ史を残しているカールステン・ニーブール（一七三三―一八一五）、そしてとりわけ名高いローマ史を書いたテオドール・モムゼン（一八一七―一九〇三）である。モムゼンは『モヌメンタ・ゲルマニアエ・ヒストリカ』編纂の指揮もとった。

イングランドもまた他に先んじている。古代史は一六二二年以降オックスフォード大学に講座をもっており、一般史の講座も一六二七年にケンブリッジ大学に出来ている。近代史講座は、おなじ一七二四年にオックスフォードとケンブリッジに創設される。スイスで歴史講座が設けられるのは、一六五九年バーゼル大学においてのことである。イタリアでは、ピサ大学が一六七三年に教会史講座を設け、一七七一年にはパヴィア大学に歴史・雄弁術講座ができる。見てのとおり、歴史は他の教育にからめとられてなかなか分離しない。しばしばその相手は修辞学あるいは道徳論である。十七世紀の前半、トリノ大学、パドヴァ大学、ボローニャ大学にはいまだに歴史講座が存在していないという事実にも気づかされる。最初の近代史講座が設けられるのは、一八四七年トリノ大学においてのことだ。

フランスにいたっては、おくれがはなはだしい。コレージュ・ド・フランスに歴史・道徳講座ができるのは一七七五年、独立した歴史講座ができるのは十九世紀末のことにすぎない。ソルボンヌ大学では、最初の古代史講座が一八〇八年、最初の近代史講座が一八一二年に登場する。スペインでオビエド大学に歴史講座が創設されるのは、ようやく一七七六年のことである。アイルランドでは、近代史講座が一七六二年ダブリンのトリニティー・カレッジに登場する。

教育科目としての歴史の誕生は、この当時はまだヨーロッパの知的支配に属することがらにすぎない。ほかの大陸や文明においては、みずからの歴史や世界についての知識は別の手段を通じて獲得されている。それは、ヨーロッパでも長いことそうであったように、おもに宗教的な手段である。アメリカ合衆国に関しては、まず彼ら自身が歴史を生きなければならない段階だ。そののちアメリカは知としての歴史において、西洋史の分野でも、より広く世界史のレベルでも、国の規模にみあった重要性をもつようになる。

歴史が（少なくとも西洋世界において）独自性を獲得し教育科目となりおおせた十九世紀の段階に、われわれはたどり着いた。[*1] 歴史をよりよく理解しその転機をしっかり把握するために、すなわち歴史を教育可能なものにするために、歴史家や教師たちは以後時代区分を体系化する必要を感じるようになる。

＊1　非常に豊富な参考文献のなかから、以下のものをあげておこう。Bernard Guenée, « Histoire », art. cité, p. 483-496; Jacques Le Goff, *Histoire et mémoire*, Paris, Gallimard, 1988; François Hartog, *Croire en l'histoire*, Paris, Flammarion, 2013 et *Évidence de l'histoire. Hagiographie ancienne et moderne*, Paris, Gallimard, « Folio », 2001; Reinhart Koselleck, *L'Expérience de l'histoire*, Paris, Gallimard-Seuil, 1997; Paul Ricœur, *Mémoire, Histoire, Oubli*, Paris, Seuil, 2000.

すでに中世以来当時にいたるまで、もっとも行き渡った区別は先人と現代人というもので、それが歴史上の大きな二つの段階の定義になっていた。しかし、「古代」と呼ばれる時代が西洋でしだいに認められるようになると、現代性をめぐる問題がたえまない議論の対象になる。さらに、この十九世紀のあいだに、光のルネサンスと闇の中世の対立がふたたびあらわれる。よっていまこそ、本書の中心主題をよりくわしく取りあげるべき時である。つまり、中世とルネサンスの関係だ。

ルネサンスの誕生

すでに見たように、先立つ時代に対立する新しい時代を想い描き、前者を光に取って代わられるであろう闇の段階とみなすような考えかたは、まず十四世紀にイタリアの詩人ペトラルカが示したものである。ペトラルカにとって、ギリシア・ローマの輝かしい時代は四世紀に終わり、あとには「野蛮」な「闇」の時代、文明の光がおよばない「衰退」の時代が続いているのである。「先人」たちの思考法、書きかたに立ちもどる必要があった。しかし「ルネサンス」という言葉と、中世に続く、中世に対立する歴史上の偉大な時代というその定義は、十九世紀以来のものである。これはジュール・ミシュレ（一七九八―一八七四）から来ている。

ミシュレとルネサンス

ミシュレは最初、一八三三年から刊行がはじまる『フランス史』[3]において、中世を賛美している。光と創造力に満ちたこの時代は、十六世紀と宗教改革の前夜の豊かで輝かしい歴史という彼のもつイメージに一致していたのだ。

一八六九年の序文のなかでミシュレは、フランスの中世を描くに際して、自分は歴史家としてははじめて未刊の史料を用いたのだと記している。

一八三〇年まで（それどころか一八三六年まで）、当時の注目すべき歴史家たちのなかで、事実を印刷された書物のそとに求めにいく必要性、当時大部分が未刊行だった

（3）以下の邦訳がある。ミシュレ『フランス史Ⅰ 中世 上』立川孝一・真野倫平責任編集、藤原書店、二〇一〇年。

一次史料、すなわちわが国の図書館の写本や古文書館の記録にあたる必要性を感じた者は、だれもいなかったのである。[*1]

*1 Jules Michelet, *Œuvres complètes*, t. IV, éd. Paul Viallaneix, *Histoire de France*, livres 1 à 4, Paris, Flammarion, 1974, p. 11.

しかし、歴史家としての仕事のはじめから、ミシュレにとって史料とは想像力の跳躍板、ヴィジョンの始動装置にほかならない。このあとミシュレは、歴史家の秘密の仕事場から立ちあがる古文書の声を聞かせる有名な文章を書くことになる。学識とは作業の足場のようなもので、芸術家や歴史家は、作品制作が完了したらそれを取りのぞかなければならない。ミシュレの中世はこのように、一八三〇年代の講義の過程で、彼の想像力と史料庫の古文書の両方から出現したのである。

それはまた彼の人生と人格の写しでもある。祝祭と光と生命と豊かさの時代であったミシュレの中世は、この時期——一八三九年には彼の最初の妻が亡くなる——、悲しく、闇に埋もれ、硬直化した、不毛な時代になってしまう。歴史家は中世のなかに自身の幼年期、母胎を見出していたのだが、いまやこの時は遠く、他人のようで、敵でさえある。彼は新しい光を求める。それがルネサンスとなるであろう。[*1]

＊1 Jacques Le Goff, « Les Moyen Âge de Michelet », in *Un autre Moyen Age*, Paris, Gallimard, « Quarto », 1999, p. 23-47.〔ジャック・ル・ゴフ「ミシュレの中世たち」『もうひとつの中世のために――西洋における時間、労働、そして文化』所収、加納修訳、白水社、二〇〇六年、一八―四九頁〕

リュシアン・フェーヴル（一八七八―一九五六）にはミシュレによるルネサンスの発明に関するよく知られた論文があるが、[*1]そのなかでフェーヴルは、十九世紀前半には大作家たちのあいだで十五世紀から十六世紀にあたる時期の評価が高まっていたと指摘している。スタンダール、サント＝ブーヴ、ユゴー、ミュッセなどがこれにあたる。しかしこれらの作家のうちだれも、当時のすべての人々と同様に、この時代を指す決まった言葉を用いていない。歴史家も教養人も、「古代」「中世」「近代」のようなありふれた区分を別にすれば、歴史を時代に分ける習慣をもっていなかったのである。

＊1 Lucien Febvre, « Comment Jules Michelet inventa la Renaissance », in *Studi in onore di Gino Luzzatto*, Milan, 1950, repris dans *Pour une histoire à part entière*, Paris, SEVPEN, 1962, p. 717-729, et *Le Genre humain*, n° 27, « L'Ancien et le Nouveau », Paris, Seuil, 1993, p. 77-87.

「ルネサンス」という言葉に関していうと、フェーヴルによれば、小文字の r のついた「再生 renaissance」は当時さかんに用いられていたという。たとえば「芸術復興 renaissance des arts」「文芸復興 renaissance des lettres」のような言いかただ。しかし、人間として、流れる歴史のなかでの復活の想いに打たれ、ヨーロッパのとりわけイタリアで十五世紀にはじまる時代に、大文字の R ではじまる「ルネサンス Renaissance」という名を与えるのは、ミシュレである。一八三八年、ミシュレはコレージュ・ド・フランス教授に選ばれ、四月二十三日に就任記念講義をおこなう。そしてこの教壇のおかげで、「ルネサンス」という言葉は一八四〇年から一八六〇年のあいだにひろく知れわたり、ひとつの時代を指すものとして認められることになるのである。

ミシュレはとくに、『フランス史』にも登場する二人の人物に魅了されている。ブルゴーニュ豪胆公シャルル、そして神聖ローマ皇帝カール五世である。だが彼自身は、ブルジョワ趣味の、金欲におぼれた、平々凡々たる世の中に暮らしている。それはギゾーの、オーギュスタン・ティエリのフランスなのだ。だから、希望の光をもたらす詩的な言葉がわきあがり、文学と人々の心を満たす必要がある。そして浮かんできた言葉が、「ルネサンス」である。しかし、一八四〇年のミシュレのルネサンスは、美しい中世の再生あるいはよみがえりとはちがうもの、キリスト教の中世の、「そんな奇妙で怪物的で驚くほど人工的なありさま」[*1]に終止符を打つものだ。こうしてミシュレの悲観主義が、彼の中世をのみこんでしまう。

*1　前掲 *Le Genre humain*, n° 27, p. 85.〔前掲 *Pour une histoire à part entière*, p. 728〕

事態が一変するのは、一八四〇年のコレージュ・ド・フランスの講義でのことだ。中世は闇に沈められてしまう。ルネサンスというスターが生まれたのだ。ミシュレはこれを前面に押しだす。「私自身のなかでルネサンスに出会い、ルネサンスは私そのものになった」[*1]のだから。

*1　前掲 *Le Genre humain*, n° 27, p. 87.〔前掲 *Pour une histoire à part entière*, p. 727, n. 1〕

コレージュ・ド・フランス講義

ミシュレは講義において、ローマ時代のガリア以来のフランス史を再開する。そして十五世紀の終わりにたどり着いた彼はこう宣言するのだ。「われわれは、『生への回帰』というこの言葉とともにルネサンスに到達しました。光に到達したのです」[*1]。彼は同時に、中国を旅したマルコ・ポーロやアメリカを発見したクリストファー・コロンブスのあとを継ぐような、グローバル化のはじまりを感じとってもいる。さらにそれは、君主制や国家に対する人民の勝利でもある。「ごく小さな近代世界が中世の外へとあらわれ出てくる」のが見える。

＊1　Jules Michelet, *Cours au Collège de France*, P. Viallaneix (éd.), t. 1, Paris, Gallimard, 1995, p. 339.

重要人物、それはすべての人々であり、この大変化の担い手は人間です。〔…〕神から生まれた人間は、神のような創造者です。近代世界は人間の創造物であり、否定的な論争に明け暮れる中世がもちえないひとつの世界なのです[*1]。

＊1　*Ibid.*, p. 352-353.

一八四〇年一月九日に行われた第二講義のタイトル「人間の神に対する勝利[*1]」は、そこから来ているのである。

＊1　*Ibid.*, p. 354-355.

ミシュレが「近代世界への移行期」と定義するルネサンスは、異教文化、享楽、官能、自由への回帰を特徴とする。イタリアがこれをヨーロッパの他の国々に教え広める。まずイタリア戦争の際にフランスが学び、ドイツ、イングランドが続く。また、ルネサンスによって歴史は流れのなかに置きなおされ、歴史家がこの流れの解釈者となる。ミシュレの講義は、中世のあいだ深い孤独のうちにあった人民が、これを抜けだして進化していくさまに光をあてている。

一八四一年の講義のテーマは「永遠のルネサンス[*1]」であり、おもにイタリアおよびイタリアからフランスが受けとった影響をあつかっている。ミシュレは、ユリウス・カエサルの時代以来二国は「相互依存」の関係にあるとし、これを「実り多い結婚」「宗教、芸術、法律が可能にした永続的結びつき」と表現する。

＊1　*Ibid.*, p. 463.

フランスを豊かにしたイタリア的要素は、とくに、幾何学精神、市民社会に適用される秩序の原理、それに主要交通路建設です。ローマの街道はあらゆる方向に伸びていたのです。[＊1]

＊1　*Ibid.*, p. 421-422.

イタリア戦争の口火を切ったことで、フランス王シャルル八世は「アルプスの向こう側に文明を探しにいくことになる」[＊1]ことを、ミシュレは示そうとする。

＊1　*Ibid.*, p. 424.

ミシュレはつぎにイタリアを、なによりフィレンツェ、さらにはピサ、ジェノヴァ、ヴェネツィア、ミラノ、そしてローマという、壮麗な都市の国として提示する。こうして彼は、イタリアの美と富が多くの征服者たちを引きつけた理由を明らかにするのだ。征服者たちが持ちかえった戦利品のなかには自由も含まれていた。[*1] ミシュレにとって、フィレンツェの偉大さとはすなわちサヴォナローラである。そしてこの恐るべきドミニコ会士を天才的改革者とみなし、ミシュレは町とその大聖堂、さらにミケランジェロの埋葬されているサンタ・クローチェ教会の美をたたえるのである。教皇庁はミシュレにとって、文化に豊かな庇護を与えてくれる権力者でありつづけている。ボルジア家(4)から解放された教皇庁は、マキャベリやミケランジェロの後ろ盾となったユリウス二世のもとで輝きを取りもどす。「ロンバルディアとフィレンツェの劇的な美[*2]」、ローマの美ののちには、ナポリの栄光がミシュレをとらえる。そしてミシュレは、フランスがイタリアから受け継いだ財宝のいくつかについて話す。

(4) スペイン出身の名門貴族の家系。二人の教皇を輩出し、一族を教会の要職につけることで、十五世紀後半から十六世紀はじめのイタリアに大きな影響をおよぼした。とくに、ルネサンス期の世俗化した教皇の代表的存在であるアレクサンデル六世（在位一四九二―一五〇三）は、ローマ教会および聖職者の腐敗を攻撃した宗教改革者サヴォナローラを弾圧した。

＊1　Girolamo Arnaldi, *L'Italia e i suoi invasori*, Rome-Bari, Laterza, 2002.
＊2　J. Michelet, *Cours au Collège de France*, *op. cit.*, p. 434.

ミシュレは、ヴェネツィアとその「情熱と肉体的享楽と幸福の自由、芸術に仕える自由」[＊1]を喚起する。それから、フィレンツェにおける芸術の開花、印刷機の発達、ヴェネツィアのアルド・マヌーツィオ（一四四九―一五一五）、版画の普及、人体の解剖学、ローマのサン・ピエトロ大聖堂のドームの美しさ、女性の影響力へと話が進む。

＊1　*Ibid.*, p. 436.

ミシュレは、この近代、この「ルネサンス」の描写を、彼の人生と教育との結びつきへの神秘的な呼びかけによって終わらせている。歴史家になくてはならないのは、全員一致の声を翻訳する力である。「近代とはこの群衆の到来の時」であり、「この沈黙した世界が声を獲得した、真に祝福された瞬間」なのだから。[＊1]そしてそう述べたあと、彼はみずからに立ち返る。「この希望は私のなかにあります」。歴史とは、死者のよみがえりである。「自らを死にゆくものと感じる私には、それが必要なのです。死者を愛すること、それは私が不死となることです[＊2]」。

＊1　*Ibid.*, p. 463.
＊2　*Ibid.*, p. 464.

ブルクハルト『イタリア・ルネサンスの文化』

ミシュレの残した影響の大きさにもかかわらず、ひとつの時代としてのルネサンスの発明は、フランスの教養人社会では長いあいだ美術史家ヤーコプ・ブルクハルト（一八一八―一八九七）の功績とされてきた。ブルクハルトの『イタリア・ルネサンスの文化』(5)のドイツ語初版が出版されるのは一八六〇年、第二版が一八六九年、そして大きく損なわれた形の第三版が出るのは一八七八年のことである。だが一九二二年には、偉大なイタリア・ルネサンス研究家のヴァルター・ゲッツによる復刻版が出版される。[＊1]

(5) 邦訳は、ブルクハルト『イタリア・ルネサンスの文化』全二巻、柴田治三郎訳、中公クラシックス、二〇〇二年。

ブルクハルトはドイツ語圏スイスの美術史家で、ベルリンでドイツ歴史学の基礎を築いたレオポルト・フォン・ランケ（一七九五―一八八六）の教えを受けたのち、一八四四年から退官の年の一八八六年まで、バーゼル大学で美術史を教える。ドイツとりわけイタリアに、比較的短い滞在を何度かしている。イタリアのルネサンス美術史を書くことを考えるが、興味ぶかいことに、準備のさなかに彼は美術を捨て、文化（Kultur）を選ぶのである。幅広い分野をあつかうこの作品は、その研究対象をはるかに超え、ヨーロッパの文化史のモデル、源泉となっている。まずはその全体像を見てみることにしよう。

ブルクハルトは、「芸術作品としての国家」[*1]と題された第一部で、十三世紀から十六世紀にかけてのイタリアの専制君主や大領主たちの歴史を語ることからはじめる。とくに興味の対象になるのは、「ルネサンスの動きが緩慢である」[*2]ヴェネツィアと、「世界最初の近代国家」[*3]フィレンツェである。そこでは、はやくも（たとえば統計のような）権力の用い

＊1　『イタリア・ルネサンスの文化』諸版の出版史は、以下のフランス語訳の冒頭に置かれたロベール・コップの長い序文にまとめられている。*La civilisation de la Renaissance en Italie*, traduction de H. Schmitt, revue et corrigée par Robert Klein, préface de Robert Kopp, Paris: Bartillat, 2012.

る道具のいくつかが見られるいっぽう、イタリアの他の大都市に比べ、芸術のルネサンスがいくらか遅れているのも観察される。

＊1　*Ibid.*, p. 41-170.
＊2　*Ibid.*, p. 115.
＊3　*Ibid.*, p. 116.

イタリア諸国家の対外政策を支配するのは、ブルクハルトによれば均衡化の試みである。「国際的な事柄をまったく客観的に、偏見や倫理的な顧慮にとらわれずにとりあつかうことは、しばしば完成の域に達して、そのあつかいが優雅にも壮大にも見えることがある[…]」(6)。[＊1] つづいて「芸術作品としての戦争」[＊2]に一章が費やされる。最終的に彼は、教皇庁をイタリアの崩壊要因とみなす。ローマでの紛争、教皇たちの同族優遇や聖職売買が横行しているのだ。じじつ、クレメンス七世（在位一五二三―一五三四）は、以前のボルジア家

（6）この部分は、原書の引用文が正確でないようである。該当すると思われる箇所を、日本語訳から引いて補った。前述邦訳書、一五四頁。

のように教皇権力との関わりが深いメディチ家の一員である。教皇が神聖ローマ皇帝カール五世を挑発したため、カール五世はイタリアに軍隊を送りこみ、この軍隊が一五二七年ローマの略奪をおこなった。反対にブルクハルトは、おなじくメディチ家出身のレオ十世（在位一五一三—一五二一）を手放しで称賛する。「ルネサンスの偉大さのかげにはかならず」[*3]この教皇の姿があると、ブルクハルトは力説している。

＊1 *Ibid.*, p. 138.
＊2 *Ibid.*, p. 140-143.
＊3 *Ibid.*, p. 162.

ブルクハルトの本の第二部は個人の発達をあつかっている。ルネサンスの人間は自らの教養を内に抱えているため、どこへ行こうが自分の家にいる気持ちなのだ。ブルクハルトは、外国に亡命したルネサンスのある人文主義者の言葉を引用する。「教養人が居をかまえた場所は、どこであろうと暮らしやすい」[*1]。個人が地域や社会環境や共同体の活動の制約を受けていた中世とは反対に、ルネサンスの人間は束縛を感じることなくその人格を発達させることができる。それは普遍的人間の時代なのだ。たとえば、建築家・数学者・作家で、俗語で執筆した最初の偉大な人物のひとりであったレオン・バッティスタ・アルベルティ（一四〇四―一四七二）は、そのような人間である。ブルクハルトはまた、ルネサンスの社会を特徴づける栄光の問題にも関心を寄せる。ダンテは栄光を厳しく批判したが、ペトラルカ以降、栄光は個人や家族の目指すべき目標として認められるのだ。いたるところで栄光が生み出される。有数の名家の墓でも、古代の偉人に対する礼拝のなかでも、地方の名士の誕生に際しても。栄光は文学を埋めつくす。栄冠を配るのは作家たちの役割である。

＊1　*Ibid.*, p. 178.

ブルクハルトの作品の第三部は、人類の復活にあてられる。それは、栄光の過去の再来という意味での「再生」という形をとる。「古代のみならず、古代とイタリアの才能との密接な結びつきが、西洋世界を生まれ変わらせたのだ」[＊1]と彼は言う。またもや、イタリアは歴史の時代区分の中心にいるのである。ローマは、まぎれもない古代遺跡信仰の向かう先となる。古代の作家が再発見され、広められる。人文主義文学のなかで、詩は、古代ギリシア・ローマの時代にもっていたその地位を取りもどす。人文主義は、市民のあいだでも、領主の宮廷でも、ローマ教皇庁でも発展する。儀礼的な文学が社会生活のなかにふたたび根づく。書簡文体、歓迎の挨拶、弔辞、アカデミーでのスピーチ、政治演説、引用を散りばめたラテン語の説教などである。ラテン語は、俗語にその座を明け渡し生活から消えようとしているが、人文主義者や司祭の社会ではあらたに絶対的価値を得る。ブルクハルトは「文化全般のラテン語化」[*2]とまで言っている。しかしながら、この美術史家の結論は、十六世紀の人文主義者は失敗に終わったというものである。彼らは不自然で虚栄心が強いとうとまれる。また当時姿をあらわしていた宗教改革のプロテスタントたちも、人文主義者のキリスト教信仰の誠実さを疑っているのだ。

＊1　*Ibid.*, p. 215.
＊2　*Ibid.*, p. 289-296.

本の後半の三つの部でブルクハルトは、ふたたび彼がルネサンスの中心にあるとみなしているらしいものに立ちかえる。人文主義の基盤である人間の発見に加えて、彼は世界の発見を語る。すなわち、天文学、植物学、動物学が発達し、庭園が流行し、異国の生きものがさかんに収集されるのである。世界を発見することで、ルネサンスはまた自然の美をあらわにする。ペトラルカはおそらく登山をうたった最初の詩人である。フランドル派は油彩という手段を用いて風景の地位を高める。それに対し、人間の美は肖像画のなかに表現を得る。トスカーナをはじめとするイタリアでは、伝記文学が開花する。しかし個人の発達と結びつく自伝もまた発達する。金細工師ベンヴェヌート・チェッリーニ(一五〇〇―一五七一)のものはその一例である。

ルネサンスの社会生活のもうひとつの大きな特徴は、祝祭である。聖体祭などの行進や聖史劇(教会の前で演じられた宗教劇)といった宗教的な祝祭が威厳を保ち数を増やしてさえいるいっぽう、領主が催す、世俗の、田舎風の祭りが特別な輝きを放つ。[*1] 衣装の分野に視点を移すと、モードが生まれ人々が熱狂するのもこの時代のことだ。会話においては、語法の潔癖さと気取りが、前例がないほどの重要性をもつ。上流夫人はサロンを開き、メディチ家のような高貴な政治家はサークルをもっている。ある完成された社交人像ができあがる。運動によって整えられた体の線、音楽に律動を得た生活。彼はただそこにいることだけでなく、見られることを望むのである。

＊1　以下の傑出した研究を参照せよ。Teofilo F. Ruiz, *A King Travels. Festive Traditions in Late Medieval and Early Modern Spain*, Princeton (N. J.), Princeton University Press, 2012. つねに研究対象となるイタリアからイスラム支配から抜け出したスペインへと視点を移したのも、この本の評価すべき点である。ルネサンス時代の祝祭に関する以下の研究も興味ぶかい。Jean Jacquot, *Les Fêtes de la Renaissance*, Paris, Éd. du CNRS, 1973-1975; Michel Plaisance et Françoise Decroisette, *Fêtes urbaines en Italie à l'époque de la Renaissance: Vérone, Florence, Sienne, Naples*, Paris, Klincksieck-Presses de la Sorbonne nouvelle, 1993; R. Strong, *Les Fêtes de la Renaissance, 1450-1650. Art et pouvoir*, trad. Br. Cocquio, Arles, Solin, 1991.

女もまたこの運動のなかにいる。まったく男と変わらない教育を受け、小説や詩を書くことも多かった。高級娼婦でさえ知的な教養をもっている。家族生活も芸術的様相をおびる。指揮をとるのは父親である。その楽しみは、田舎の別荘でもくりひろげられる。じっさい、田舎は中世より強く都市と結ばれている。都市と田舎というこの新しいカップルは、絵画のなかに姿を見せている。

ブルクハルトの作品は、奇妙なことに、ルネサンスのあまりに魅力的でないイメージを与えるような何章かで終わる。道徳的な面では、「悪の本能がはびこっていた」[*1]と考える。イタリアもこの卑劣さの影響を逃れてはいなかった。

＊1 J. Burckhardt, *La Civilisation de la Renaissance en Italie*, *op. cit.*, p. 481-507.

個人主義があらゆる点で限界までおし進められたイタリアも、何人かの極悪人を生み出した。彼らは悪をただ悪のみのためにおこない、決まった目的ではなく、あらゆる心理学を受けつけないなにかに到達する手段とみなしているのだ。[＊1]

＊1 *Ibid.*, p. 505.

それでもルネサンスのイタリアは、ブルクハルトにとって、世界の歴史における「革命」と彼がいうものの先頭に立っていることに変わりはない。

〔イタリア人は〕この新時代の偉大さと卑小さの、もっとも注目すべき典型となったのである。深い退廃のかたわらで、個人的なもののうえにこのうえなく高貴な調和が打ち立てられ、個人生活を気高いものにする崇高な芸術が発達する。[＊1]

＊1 *Ibid.*, p. 507.

宗教の分野では、サヴォナローラの改革を目指す説教が失敗に終わったこと、プロテスタントの宗教改革の成功が中途半端なものだったことを、ブルクハルトはなげいている。信者の気持ちはゆるみ、教会は変節し、人文主義者も信仰に関しては躊躇しているのだ。

しかしルネサンスのキリスト教社会には、宗教の面で褒めたたえるべき点がある。美術史家がそこで発見するのは、イスラム教に対する寛容、すべての宗教への考慮で、それには古代哲学の快楽主義のような考えも含まれる。彼は自由意志理論の実践を賞賛し、当時の人々を中庸の理論家であり実践家だとしている。

ブルクハルトはまた迷信、とくに疑似科学的なそれにも関心を向ける。占星術が広まったこと、幽霊、悪魔、魔女が信じられていたこと、高級娼婦たちが用いた魔術について触れ、家や教会の最初の石を置く儀式を描く。それでもブルクハルトの著作の結論は、信仰の衰退である。無神論はまだ存在していないが、有神論に代わって無信仰があらわれている。ルネサンスは非宗教化に通じており、この傾向は広まりつつあった。

今日から見たルネサンス

二十一世紀初頭の今も、二十世紀を通じてそうであったように、ルネサンスは歴史家の筆を刺激しつづけている。彼らの大半は、ときには留保つきであっても、ルネサンスの礼賛者である。彼らがルネサンスをどう解釈し、どのような判断をくだしたのかまとめるために、私はおもに、パウル・オスカー・クリステラー、エウジェニオ・ガレン、エルヴィン・パノフスキー、ジャン・ドリュモー、そして二〇一一年に翻訳の出た、ロバート・C・デイヴィスとエリザベス・リンドスミスのアプローチを取りあげた。[*1]

＊1　私が取りあげなかった興味ぶかい著作のうちのいくつかを挙げておく。Peter Burke, *La Renaissance en Italie: art, culture, société*, trad. Patrick Wotling, Paris, Hazan, 1991〔ピーター・バーク『イ

タリア・ルネサンスの文化と社会』新版、森田義之・柴野均訳、岩波書店、二〇〇〇年〕; John R. Hale, *La Civilisation de l'Europe à la Renaissance*, trad. René Guyonnet, Paris, Perrin, 1998.

クリステラーとフィレンツェの文化

パウル・オスカー・クリステラーの主著は、ローマで一九五六年に出版された『ルネサンス思想・文学論集』である。この力作はおもに人文主義を中心にあつかっているが、ミシュレやブルクハルトに続いてクリステラーも「ルネサンス」と呼んでいる時代の文学・芸術作品全体へと視野を広げている。またこの作品は、中世とルネサンスの関係にも関心を向けている。

クリステラーは、第一巻のかなりの部分を、十五世紀の偉大な「人文主義者」のひとりであるマルシリオ・フィチーノ（一四三三―一四九九）に割いている。クリステラーは、ルネサンス時代にあらわれたと思われる芸術・文学作品の制作組織「サークル（circle）」について語る。サークルは、師と弟子あるいは友人たちのあいだで結ばれる定まった関係のうえに築かれる。

ここで念頭におく必要があるのは、サークルという言葉は現在の歴史記述ではほとんど用いられないものの、中世の大作家もまたまわりに弟子や多くの場合職人たちの集団を従えていたということで、この集団はルネサンスのサークルによく似たものだ。さらに美術の分野でいうと、イーゼルのうえで製作される油彩画の登場とともにルネサンスにはアトリエが発達したが、中世の建設現場にもまた、たぐいまれなる建築師、石工、彫刻師、絵師が集まっていた。しかしこれらの創造者たちは、教会によって厳しく監督、指導されていた。ルネサンスのアトリエとの、そこがおもな違いである。

ルネサンスを熱烈に信望し、それを独立した他の何ものにも勝るものとして思い描く人々から見れば驚くべきことだろうが、クリステラーは、マルシリオ・フィチーノについての最初の章を、この人文主義者のもつスコラ的バックグラウンドにあてている。フィチーノのアリストテレス哲学は、彼がフィレンツェ大学で哲学を学んだ際に出会った中世のアリストテレス哲学を直接受けつぐものであることを、クリステラーは示す。ついでながら、大学が中世とルネサンスを結びつける中心地になっていることに注意をうながしておこう。

この問題には、のちにふたたび触れることにする。

支配者と人文主義者が密接に結びつき、人文主義者たちはさかんに政治問題に関わっていたことも、クリステラーは強調している。クリステラーが立脚しているのが、どこよりもまずフィレンツェの状況であることはたしかだ。メディチ家は、十五世紀に銀行業から政治権力を手にし、さらに十六世紀に大公として権力に復帰したが、彼らの政府には何人かの人文主義者が関わっており、彼ら自身も政治だけでなく人文主義の指導者としてふるまっていた。クリステラーはとくに、一四七二年に貴族の家に生まれたジョヴァンニ・コルジのケースをくわしく論じている。一五〇六年にコルジが書いたフィチーノの伝記には、メディチ家に対する熱烈な賛辞が含まれている。そして、メディチ家がフィレンツェの権力をふたたび手中におさめた一五一二年には、コルジは個人的に政府に迎えられている。

ルネサンスの人文主義と宗教の関係というデリケートな問題について、クリステラーの作品のなかでそれを端的にあらわしているのは、フィチーノが一四七四年の手紙で語っている、病気と失意の時代に続くいわゆる宗教への回心である。これは解釈のむずかしいエピソードだ。

中世がルネサンスにアリストテレス哲学を伝えた可能性について触れた。しかし、十四・十五世紀のイタリアの人文主義者たちは、なによりプラトン学派を自称している。十五世紀にフィレンツェに開かれるプラトン・アカデミー(7)は、フィチーノの思想の普及において中心的役割をはたす。この古代ギリシア・ローマ思想の再発見は、さらにイタリアを起点にヨーロッパの大部分へと伝わり、今ではいわゆるルネサンスのもっとも大きな特徴とみなされるもののひとつになっている。

クリステラーは、一章をまるごと費やして、「イル・マニーフィコ〔偉大な人〕」の異名をとるロレンツォ・デ・メディチをプラトン主義者として紹介している。ロレンツォについて、彼はこう書いている。

この〔プラトン的〕傾向が目に見えてあらわれた最初の人間のひとりが、まさにロレンツォ

(7) メディチ家と人文主義者の私的サークル。「アカデミー」は、プラトンがアテナイ郊外のアカデメイアに開いた学園の名に由来する。

ツォ・デ・メディチその人で、彼はフィチーノの保護者であっただけでなく、学友であり個人的友でもあった。したがって、イル・マニーフィコの書いたもののなかに、プラトン的要素を見出さなければならない。[*1]

＊1 Paul Oskar Kristeller, *Studies in Renaissance Thought and Letters*, Rome, Ed. di Storia e Letteratura, 1956, p. 213.

ロレンツォの詩や散文には、プラトンに負っていると思われる、美への欲望としての愛の定義、天上の愛と地上の愛の区別、三つの美の図式（魂の美、肉体の美、声の美）、あらゆる具体的美の源泉としての神聖な美の概念が見られる。イル・マニーフィコがとくに関心をもつのは、プラトンの永遠と真の幸福追求の理論だ。このように、とりわけ肉体に注意を向けるという点で、ルネサンスは中世から隔てられているように思われる。

クリステラーが第一巻第二部であつかっているルネサンスの諸側面のうちから、中世とルネサンスの比較材料を豊かにしてくれそうなものとして、私は四つのテーマをここで取りあげたいと思う。最初のテーマはいちばん重要で、社会や世界における人間の地位である。クリステラーは、ルネサンスの教養人と結びついている「人文主義〔人間主義〕[8]」という言葉を定義する必要があることをただしく主張している。ここで人間というのは、人間そのもの、その本性、生活、宿命のことではない。ルネサンスの教養人は、「人間性」と呼ばれる知識、つまり古代ギリシア・ローマの偉大な思想家、作家についての教養をわがものにしていたということが重要なのである。この人文主義の創始者といえるのは、十四世紀のペトラルカである。人文主義は、社会のなかで重みをもつさまざまな職業に広がった。というのも、大部分の人文主義者は単なる作家や芸術家ではなく、他の職業に従事していたのだ。たとえば、大学や学校の教師、君主や町の秘書官、経済・政治活動に従事する教養ある富裕市民などである。

「ルネサンスの人文主義」と呼ばれるものの影響は、クリステラーにとっては限定的だ。

(8) フランス語では humanisme で、人間を中心とする思考様式のことだが、とくにルネサンスのそれを指すときには普通「人文主義」と訳される。なお、日本語で「ヒューマニズム」という場合人道主義を指すことが多いが、フランス語 humanisme の意味はそれには限られない。英語 humanism、ドイツ語 Humanismus においても、同様のことが言える。

とくにそれが感じられるのは、ギリシア・ローマの古典が大きな位置を占める教育カリキュラムである。いっぽう、人文主義者のなかには、人間の知の力を過剰なほどの自信をもって主張する傾向をもつ者がいたのも事実である。十五世紀半ばのフィレンツェに暮らし、人間の尊厳と優越について長大な論文を書いたジャンノッツォ・マネッティ（一三九六―一四五九）の場合がそれだ。これは、十二世紀末にインノケンティウス三世が人間の条件の悲惨さについて書いた論文に対する返答であった。ジョヴァンニ・ピコ・デッラ・ミランドラ（一四六三―一四九四）のようなフィチーノの後継者もいたが、しかしこのようなケースを一般化してはならない。

クリステラーが取りあげている、中世とルネサンスの対比に役立ちそうな二つ目のテーマは、聖アウグスティヌスの影響である。よく知られるように、豊かでさまざまな解釈が可能なアウグスティヌスの作品は、中世思想において、ほぼすべての時期にわたり、あらゆる流派の神学や哲学に対して、大きな重要性をもっていた。『アカデメイア派論駁』(9)を書いたとはいえ、アウグスティヌスはプラトンと新プラトン主義をたかく評価していた。また、十四世紀から十五世紀の中世思想におこったアリストテレス哲学の再興は、十六世紀になっても続いた。人文主義者たちは、古代の作家に典拠を求めたのちには教父たちの書を読みはじめた。みずからギリシア語を読むことができた彼らは、カイサリアのバシレイオス、ヨアンネス・クリュソストモス、ニュッサのグレゴリオス、アレクサンドリアのキュリロスといったギリシア正教会の教父たちの文章を、まだラテン語訳がない場合には翻訳した。

クリステラーはまた、ルネサンスの思想や文化一般と音楽との関係についても考察している。ヨーロッパの音楽が二つの頂点を経験したのは疑いのないことだ。まずは中世中期のフランスで、パリのノートルダム楽派がポリフォニーを生み出した。そしてしばらく衰退したのち、ルネサンスの十五世紀から十六世紀にかけて、今度はイタリアから、音楽がヨーロッパ文化を揺さぶる。

最後に、ルネサンスの祝祭がどのようなものであったかを語る文章を引用して、クリス

(9) プラトンの開いたアカデメイア(本書八三頁注(7)参照)を受けつぐアカデメイア派では、末期には懐疑論が主流となる。アウグスティヌスの著作はこの思想を批判するもの。

テラーの好著の短い探索を終わることにしよう。祝祭は、中世にもあった集団的快楽の表現だが、ルネサンスになると、とくに君主の宮廷や祝賀行事で特別な力と輝きを得た。ここではクリステラーが発見した文書が問題になっている。当時は未公刊であった一通の手紙のなかで、ジュリアーノ・デ・メディチがフィレンツェ市民のために一四七五年に開催した騎馬槍試合《ジョストラ》が描写されているのだ。クリステラーはこう解説している。

ルネサンスの時代の市民の祝祭のなかで、騎馬槍試合《ジョストラ》の占める位置は相当なものである。イタリアのさまざまな都市で、しかしとりわけフィレンツェで、華麗な試合がかず多く開かれた。この習慣は封建時代から受けつがれたものである(イタリアで詩的・騎士道的雰囲気が遅ればせの開花を見せているのを説明しようとする場合、この点をぜひとも踏まえる必要があるだろう)。しかし騎馬槍試合は新しい環境のなかでまったく違う形をとるようになり、真剣で戦闘的な性格はしだいに失われて、一種の観戦競技に変貌した。観客の興味はたしかに選手の闘いにも向けられたが、とくにその的となっていたのは、豪華な飾りをまとい従者たちとともに長く色とりどりの行列をつくっているこの騎士たちの、堂々たる入場の姿だったのである。この姿は、当時の市民の祭の行列に特徴的にあらわれる取り巻きたちの様子を思わせた。[*1]

＊1　*Ibid*., p. 437.

ガレンとイタリアの人文主義

現代のルネサンス史家を代表するつぎの証言者は、イタリアのエウジェニオ・ガレンである。『イタリアの人文主義――ルネサンスの哲学と市民生活』[10]（一九四七）、『中世とルネサンス』（一九五四）の二冊がフランス語に翻訳されている。『イタリアの人文主義』において、ガレンは面白いことにまず、十九世紀のミシュレやブルクハルトとは反対に、二十世紀の歴史家の大多数が中世を再評価し、ルネサンスの名声をおとしめたと述べる。ガレ

（10）以下の邦訳がある。エウジェニオ・ガレン『イタリアのヒューマニズム』再版、清水純一訳、創文社、一九八一年。

ンは反対に——しかもクリステラーのあとを継いで——、中世を支配した「観念のカテドラル」「巨大な論理的・神学的システム」[*1]を破壊することが必要だとする。

＊1　Eugenio Garin, *L'Humanisme italien*, 1947, trad. S. Crippa et M. A. Limoni, Paris, Albin Michel, 2005, p. 11.

ルネサンスのほうは人文学研究《ストゥディア・フマニタティス》を奨励した。中世の思考と社会のうえには神が重くのしかかっていたのに対して、いまや人間が最高位を占めている。とくにプラトン哲学は、「あらゆるものに開かれ、あらゆるものの中心であるような哲学、希望につらぬかれた生活への道徳的瞑想」とみなされ、模範となり発想源となる。「これは、世界を脱けだし観想を求める思想でもある」[*1]。

＊1　*Ibid.*, p. 20.

こうして、思想の革新を政府やフィレンツェ社会の進化と結びつけたペトラルカの伝統を受けつぎ、フィレンツェにおけるプラトン思想の潮流は、新たな支配者一族の長であるコジモ・デ・メディチ（一三八九—一四六四）を新たなプラトンとみなす。フィレンツェ・ルネサンスの偉大な思想家マルシリオ・フィチーノは、光、美、愛、魂をつねに重視する。

ルネサンスを文化的な面から研究する『中世とルネサンス』では、ガレンはまず「中世思想の危機」[*1]から話をはじめる。ガレンはとくに、十四世紀初頭以来疲弊してしまったスコラ学の例をあげる。しかし彼は同時に、中世のなかに近代的性格（たとえばアベラール〔アベラルドゥス〕とエロイーズの関係）や古代思想のいくつかの要素の復活を見出そうともしている。[*2]

＊1　Eugenio Garin, *Moyen Âge et Renaissance*, trad. Claude Carme, Paris, Gallimard, 1969, p. 18 *sq.*
＊2　以下を見よ。Jean Seznec, *La Survivance des dieux antiques. Essai sur le rôle de la tradition mythologique dans l'humanisme et dans l'art de la Renaissance* (1940), Paris, Flammarion, « Champs », 2011.

この本ではガレンは、人間の創造する力に対してルネサンスがもっていた特別な関心をより強調している。ルネサンスは人文主義に、詩も文献学も、あるいは道徳生活も政治生活も包括するような、普遍的と言っていいほどの意味を与え、これが新たな哲学になることを望んだのである。

パノフスキーと複数の再生

いま紹介した二十世紀の二人の歴史家が、とくに文学と思想(人文主義)に関心を示したのに対し、これから登場するアメリカのエルヴィン・パノフスキーは、なにより美術史家、それも二十世紀を代表するひとりである。その本のタイトルがすでに、われわれがパウル・オスカー・クリステラーやエウジェニオ・ガレンとは異なるルネサンス観に向きあっていることを示している。英語の原書は『西洋美術におけるルネサンスと再生 Renaissance and Renascences in Western Art』(一九六〇)[11]であり、フランス語訳は『西洋美術におけるルネサンスならびにその先駆形態 La Renaissance et ses avant-courriers dans l'art d'Occident』(一九七六)である。ここでは芸術が基本的な研究領域であり考察対象であるとされている。

(11) 以下の邦訳がある。パノフスキー『ルネサンスの春』新装版、中森義宗・清水忠訳、新思索社、二〇〇六年。

再生《ルネサンス》は単数から複数になっている。「ひとつの」ルネサンスではなく、「いくつもの」再生なのだ。いわゆる〈ルネサンス〉に先行して、その他諸々のルネサンスがある。これが「先駆形態」である。

この美術史家がまず考察しそして退けようとするのは、二十世紀に広まった二つの考えかたである。これらはより一般的に歴史の時代区分についてのもので、したがってわれわれの考察テーマに関わるものだ。ひとつは、はっきりとした歴史上の時代など存在しないという考えかた。パノフスキーはそこで『オックスフォード英語辞典』を引用している。[*1]もうひとつは同時代の有名な歴史家リン・ソーンダイクの考えで、「人間の本性はいつの時にもほとんどおなじでありつづけるものだ」というものである。[*2]歴史を記述する可能性そのものを、いっぽうは部分的に他方は完全に、否定するようなこれら二つのアプローチを考慮に入れないパノフスキーの態度は、いうまでもなく賞賛されなければならない。

＊1　Erwin Panofsky, *La Renaissance et ses avant-courriers dans l'art d'Occident*, trad. Laure Meyer, Paris, Flammarion, 1976, p. 13.
＊2　*Ibid.*, p. 13.

時代としてのルネサンスの登場の瞬間に関心をもつすべての思想家たちと同様に、パノフスキーもまた、ルネサンスをギリシア・ローマ文学の純粋な形での復活ととらえたペトラルカにまでさかのぼる。そしてパノフスキーは、一五〇〇年ころこの狭い定義が拡張され、「文化活動のほぼすべての分野を覆う大規模な復活という概念」[*1]が生まれる経緯を研究している。

＊1　*Ibid.*, p. 19.

パノフスキーは、アメリカの哲学者ジョージ・ボアズの意見を引用する。「われわれが時代と呼ぶものは、たんに歴史上頻繁におこる影響力の強い革新に対応しているにすぎない」[*1]。歴史上の時代には、偉大な人物の名がつけられるべきであろう。こうして、古代にペリクレスの時代があり近代にはルイ十四世の時代があったように、ベートーヴェンの時代があることになる[*2]。

＊1　*Ibid.*, p. 13.
＊2　George Boas, « Historical Periods », *Journal of Aesthetics and Art Criticism*, XII, 1953, p. 253-254. 何世紀ものあいだに考えだされた時代区分体系の、もっとも完全な、そしてあつかう数の点でももっとも驚異的な概観は、以下の本に見られる。Johan Hendrik Jacob van der Pot, *De Periodisering der*

geschiedenis. Een overzicht der *theorieën,* W. P. van Stockum en zoon, La Haye, 1951.

パノフスキーはつづいて、フィレンツェで大きな影響力をもっていた画家・美術史家ジョルジオ・ヴァザーリと、その著書『画家、彫刻家、建築家列伝』の弱点を指摘する。ジョット（一二六六頃―一三三七）以来、そしてとりわけ十四世紀以来、人類の新たな時代がはじまっているとヴァザーリは考えていた。彼はこれを「再生《ルネサンス》」（Rinascita）と呼んでおり、その原動力を古典古代への復帰だとしている。われわれ現代人のいわゆる「ルネサンス」時代に対する考えかたは、当時の――少なくともイタリアの――芸術・文学・政治エリートの考えかたに比べれば、含みのあるものになっているとパノフスキーは言う。彼らはじっさい、古代への復帰の波に突き動かされていたのだ。そんな理想時代のあとでは、しだいに「中世」と呼ばれるようになっていた時代は、価値の低下以外の意味はもちえなかったのである。

ドリュモーのルネサンス

フランスの有名な歴史家ジャン・ドリュモーが、二冊の本を通じて、われわれにルネサンスの全体像に関する最後の証言をしてくれる。ひとつは一九九六年にロナルド・ライトボーンとともに編集した『ルネサンス』[*1]、もうひとつは一九九九年に出版された単著『ルネサンス史』[*2]である。ドリュモーは、「再生《ルネサンス》」という言葉の出現には二つの段階があったとしている。この言葉、そしてそれが意味する古代への復帰による革新という概念は、まずイタリアのとくにフィレンツェにおいて見られる。そのいわば「発起人」となったのが十四世紀のペトラルカであり、すべてを「取りまとめた」のは十六世紀半ばのヴァザーリである。しかしすでに見たように、この言葉とそれが示す時代がひろく認められるには、十九世紀のロマン主義とミシュレの登場を待たねばならない。そしてこの言葉は美術の範疇を超え、暗黒の中世から「ルネサンス」によってはじまるとされる近代にまでわたる時期の、主要な側面を指し示すようになる。

＊1　Jean Delumeau et Ronald Lightbown, *La Renaissance*, Paris, Seuil, 1996.
＊2　Jean Delumeau, *Une histoire de la Renaissance*, Paris, Perrin, 1999.

『ルネサンス史』においてドリュモーは、フィレンツェからイタリアへ、そしてイタリアからヨーロッパのその他の部分へと、新しい芸術が普及していく様子を描いている。彼は、このヨーロッパにおけるルネサンスの概要をめぐる旅を、ひとつの名誉ある例外を示して終えている。ネーデルラントの大画家老ブリューゲル（一五二七頃―一五六九）は、古代にもイタリアにも影響を受けていない。

ドリュモーは、人間形成、教育の分野での進化や転換をあとづけている。印刷機の役割、学校の普及、大学の衰退と講義の流行、学識を身につけ著述活動をする女性の増加が見られる。絵画制作においては、アトリエという新しい組織が登場するが、これはとくに油彩技法が生まれ、十五世紀のネーデルラントでの発明にならってイーゼルのうえで作業するようになったことと関係している。また、「アカデミー」という古代ギリシア語の言葉をまったく新しい形で復活させるような学問団体が誕生する。技術の進歩に関して、ドリュモーがルネサンスのものとしているものごとのなかで、とくに重視されているのが機械式時計

郵便はがき

料金受取人払

牛込局承認

7198

差出有効期間
平成29年6月
21日まで

162-8790

東京都新宿区
早稲田鶴巻町五二三番地

株式会社
藤原書店
行

（受取人）

ご購入ありがとうございました。このカードは小社の今後の刊行計画および新刊等のご案内の資料といたします。ご記入のうえ、ご投函ください。

お名前	年齢

ご住所 〒

TEL　　　E-mail

ご職業（または学校・学年、できるだけくわしくお書き下さい）

所属グループ・団体名　　　連絡先

本書をお買い求めの書店

市区
郡町　　　書店

■新刊案内のご希望　□ある　□ない
■図書目録のご希望　□ある　□ない
■小社主催の催し物案内のご希望　□ある　□ない

書名		読者カード

●本書のご感想および今後の出版へのご意見・ご希望など、お書きください。
（小社PR誌『機』に「読者の声」として掲載させて戴く場合もございます。）

■本書をお求めの動機。広告・書評には新聞・雑誌名もお書き添えください。
□店頭でみて　□広告　□書評・紹介記事　□その他
□小社の案内で　（　）（　）（　）

■ご購読の新聞・雑誌名

■小社の出版案内を送って欲しい友人・知人のお名前・ご住所

お名前　ご住所 〒

□購入申込書（小社刊行物のご注文にご利用ください。その際書店名を必ずご記入ください。）

書名　冊	書名　冊
書名　冊	書名　冊

ご指定書店名　住所

都道府県　市区郡町

と砲兵隊である（しかし私はこれらを中世の発明だと考える）。つづいてドリュモーは、ルネサンスを経済のダイナミズムによって特徴づける。このような見かたは私には大げさに感じられるが、新しく重要な二つの現象を書きとめておこう（これにはのちにふたたび触れる）。十五世紀末から十六世紀初頭に発見され、アメリカからもたらされた貴金属（金と銀）の供給、それにクリストファー・コロンブスや中世末期のカラベル船にはじまる、航海術の改良である。

つぎにドリュモーは、祝祭に支配された日常生活に一章を費やしている。君主の宮廷、ときには裕福な市民の集まりのなかで豪奢や華やかさが発達し、新たな空気を放っているのである。[*1] 最後に――これは現象の最後を飾るにふさわしく思える――、「宗教の大きな変容」という題のもとで、ドリュモーは宗教の分野における近代性をあつかっている。もちろんここで彼が念頭においているのは、なにより宗教改革であり、キリスト教のなかに分離された一派が誕生したことである。つまり、おもにルター派とカルヴァン派という二つの形をとった、プロテスタントだ。無神論がまだまれであったこの時代の人々にとって、これが重大な変化であったのは言うまでもない。

＊1　王や君主の社会については、以下の研究がある。T. F. Ruiz, *A King Travels. Festive Traditions in Late Medieval and Early Modern Spain*, *op. cit.*, 2012.

本の最後の「ルネサンス総論」と題された一章では、ドリュモーは「ルネサンスの限界」をいくつか挙げている。しかしルネサンスは、とりわけ「前方への偉大な一歩」であったとされる。この偉大な一歩は、「頂点を極めた」芸術・文学作品の発達によって正当化されるのだ。とはいえ、彼にとってルネサンスを完全なる一時代たらしめているもの、それは「歴史の流れを変えた二つの大きな出来事」である。アメリカが発見され世界一周航海が実現したこと、それに、ラテン・キリスト教世界がプロテスタントとカトリックに分断されたことである。

いまや私は、二つのことを証明しようと試みなければならない。まずルネサンスは、たとえその重要性がいかなるものであったとしても、歴史的持続のなかで個性を与えられる資格をどれほど有していても、私に言わせれば特別な時代ではないのである。〈ルネサンス〉とは、長い中世に含まれる最後の再生《ルネサンス》のことなのだ。そして、文化がグローバル化し西洋

が中心的地位を失ったいま、歴史の時代区分の原則は今日問題視されるようになっている
が、時代区分は歴史家にとって必要な道具だということを、私は示したいと思っている。
ただ、時代区分はより柔軟に用いなければならない。人が「歴史の時代区分」をはじめて
以来欠けていたのは、その柔軟さなのだ。

中世は「闇の時代」か?

合理的思考

いわゆるルネサンスの時代の文化エリートたちが中世に対して感じ、しばしば表明している敵意、それどころか軽蔑は、十四世紀にはじまり、十五世紀にしだいに強まり、十六世紀にはますますはっきりしていった。そのような感情はやがて、とくに十八世紀の啓蒙主義者といわれる学者たちに受けつがれ、さらに深刻なものとなった。彼らは中世を暗黒時代(英語ではダーク・エイジス)と呼ぶにいたったのである。中世に対するこのような非難が生まれたのは、なによりルネサンスの人々が古典古代とその偉大な師たち（ギリシアのアリストテレスやプラトン、ローマのキケロやセネカ）に立ちかえる必要を感じていたからである。中世思想はこれらの師たちを知らず、彼らに逆らって形成されたと考えられていたのだ。

ところが、たしかに古代ギリシア・ローマの文化は中世思想にとって宗教的な面で問題視されるが——古代人は「異教徒」なのだ——、それでも中世思想は古代ギリシア・ローマ文化の存在や価値を知らないわけではないし、しばしばそれを利用し継承しているのである。中世の聖職者たちが、ローマの教養人でキリスト教に改宗した聖アウグスティヌスを偉大なる師と仰いでいたことを考えれば、この二重のどっちつかずの態度は自然と理解できる。中世の合理的、科学的、教育学的思考は、古代のシステムから自由学芸を借用しているのだ。そのような思考は十三世紀まで完全に機能しているが、以降大学教育からすこしずつ消えていってしまう。

重要な教養人の連鎖が、この「自由学芸」からなる基礎を古代から中世へと伝えた。カエサルからローマの最初の公共図書館長に任命されたウァロ（前一一六—前二七）が、この伝統の源である。ウァロは、自由学芸を手を使う機械的技芸と区別した。[12] ところで中世においては、宗教的・知的社会の内部で、この区別がもととなって、労働の概念と実践をめぐる議論がくりひろげられることになるであろう。古代の終わりに、マルティアヌス・カペッラ（五世紀）の詩『文献学とメルクリウスの結婚』[13] のおかげで、自由学芸はふたたび勢いを得る。この詩は中世にとってきわめて重要である。カッシオドルス（六世紀）とシャルルマーニュの側近アルクィン（八世紀—九世紀初）という二人の大思想家のおかげで、七つの自由学芸は中世に伝わるが、それらはさらに、言葉の学問である三学《トリウィウム》（文法学、修辞学、弁証法）と四科《クァドリウィウム》（算術、幾何学、音楽、天文学）の二つに枝分かれする。

やはり古代ローマの延長線上で、中世は言語に関するある大きな進歩をとげる。聖職者と世俗エリートの言語であったラテン語が、キリスト教化されたあらゆる地域に広められたのである。古典ラテン語からみれば変化していたものの、このラテン語はヨーロッパの言語的統一を基礎づけ、この統一は十二・十三世紀よりあとでさえも残ったのである。しかしこの頃、社会の最下層の日常生活で、時代にそぐわないこのラテン語に代わり、たとえばフランス語のような俗語が用いられるようになる。中世は、ルネサンスよりもはるかに「ラテン語」時代なのだ。

中世には、読み書き能力は古代より広まっている。女子を含めた学校教育が発達するだけでなく、パピルスよりもあつかいやすい羊皮紙、それからとくに縦長の折り丁からなる冊子本《コデックス》が、四・五世紀に巻物式の本（ウォルメン）に代わり、読書の普及を助長する。書きかたの面では、中世の写本筆者者《スクリプトーレス》が書きかたを統一できなかったのに対し、のちにローマン体と呼ばれ、ペトラルカが流行させることになるユマニスト体を広めたことは、ルネサンスの成功のひとつと言えるであろう。中世との関係で、もうひとつルネサンスの成功と呼べるのは、ラテン・キリスト教世界における古代ギリシア語の再発見である。これが

(12) 古代ローマにおいては、どちらもさまざまな「技術 *artes*」に属するものとしてあつかわれ、前者は「自由技術 *artes liberales*」、後者は「機械的技術 *artes mechanicae*」と呼ばれていた。「自由」であるとは、肉体労働から解放された自由人にふさわしいという意味。このラテン語の名称を受けついで、中世の大学における教養科目（「自由学芸」）をフランス語で arts libéraux と言い、英語では今も教養科目あるいは教養課程全体が liberal arts と呼ばれる。

(13) この寓話的な物語のなかで、自由学芸のひとつひとつが紹介される。ウァロの自由学芸が九科目だったのに対し、ここでは中世に引き継がれる七科目がすでに定められている。

可能になったのは、一四五三年にコンスタンティノープルがトルコ人に占領され、ビザンティンの教養人たちが西洋に亡命してきたためである。

十五世紀から十八世紀の終わりまでのあいだ、思想家たちは、彼らにとって闇に沈んだ時代である中世には、合理的思考から遠ざかり、奇跡や超自然や情熱に道を譲るしぐさが染みついていると感じていた。しかし、中世の大部分の聖職者たちは、大学や学校でおこなわれていた教育システムがそうであったのとおなじく、ほぼつねに理性 raison に従っていたのである。より正確には、ラテン語で言う *ratio* だ。この語には、整然たる思考という意味と、計算という意味とがあり、その両方に従っていたというわけである。中世において合理性は、動物性に対して人間の本性を特徴づけるものである。理性の優位という考えかたは、アウグスティヌスやボエティウスに見られる。十三世紀には、アルベルトゥス・マグヌスやトマス・アクィナスのようなスコラ学の大思想家たちが、イサク・イスラエリ（九世紀—十世紀）の『定義集』から、「理性は知性のかげに生まれる」という考えかたを引きだしている。[*1] 神学では、理性は権威に対する力にもなる。しかし、理性について中世がもっていたまったく形式的な概念が、科学的理性の発達する障害になったことも事実だ。

その障害を、ルネサンスが取りのぞくことになる。

＊1　Article « Raison », in Claude Gauvard, Alain de Libera, Michel Zink (dir.), *Dictionnaire du Moyen Âge*, Paris, PUF, 2002, p. 1172.

マリー＝ドミニック・シュニュ神父は、神学のなかにつねにさらなる合理性がもたらされた結果、十三世紀には神学が科学に変化するにいたったことを示している。[＊1] スコラ学に関しては、たとえばニコラ・ヴェイユ＝パロの著作のなかに、「中世スコラ学の科学的思考の深い合理性」の証明を見ることができる。[＊2]

＊1　Marie-Dominique Chenu, La *Théologie aux XIIe siècle* (1957), 3e éd., Paris, Vrin, 1976, et *La Théologie comme science au XIIIe siècle* (1957), 3e éd. revue et augmentée, Paris, Vrin, 1969. 中世、とくに十三世紀における理性の重要性ならびにその諸側面に関して、現代の著書で最良のものは以下を参照せよ。Alexander Murray, *Reason and Society in the Middle Ages*, Oxford-New York, Clarendon Press-Oxford University Press, 1978.

＊2　Nicolas Weill-Parot, *Points aveugles de la nature. La rationalité scientifique médiévale face à l'occulte, l'attraction magnétique et l'horreur du vide* (*XIIIe-milieu du XVe siècle*), Paris, Les Belles Lettres, 2013.

イタリア

今度は地理の分野について考えよう。最終的にルネサンスと呼ばれるようになる運動がはじまったのがイタリアにおいてであることは、すでに見たとおりである。くわしい研究によって、ジェノヴァ、フィレンツェ、ピサ、ヴェネツィアといった、それぞれの町の役割を明らかにすることができるであろう。しかしながらイタリアというのは、歴史の時代区分に関しては混乱のもとになる場所なのだ。

古代におけるイタリアは、力強いエトルリア人たちのおかげで、そしてなによりローマ帝国の力によって、抜きん出ている。中世になると、政治的に細分化され、十四世紀には教皇庁もアヴィニョンへ一時移転してしまい、イタリアは弱体化するが、それを補うように、フィレンツェやヴェネツィアをはじめとする各地でたぐいまれなる芸術が花開いている。ジローラモ・アルナルディが言うように、中世初期以来、つねに全土あるいは一部を外国人に支配されていたにもかかわらず、イタリアはヨーロッパにとっての、そしてまずみずからの征服者にとっての、光であったのだ。[*1]

＊1 Girolamo Arnaldi, *L'Italia e i suoi invasori*, *op. cit.*

似たようなことはそのあとにも起こる。十五・十六世紀に、ルネサンスの芸術的・文化的発展の先頭に立っていたのはイタリアである。しかしドイツ、とくに南ドイツがはやばやとイタリアの例に学び、独自のやりかたであとを追いかける。[*1]

＊1 « Allemagne, 1500. L'autre Renaissance », *L'Histoire*, n° 387, mai 2013, p. 38-65.

「現代人」たち

時代区分の仕事をする歴史家は、できるだけ広い範囲にわたって、問題となる時代を生きている人々のあいだにある支配的思想を考慮に入れなければならない。中世は悲観的なトーンで幕を開けた。キリスト教会が推奨した時代区分は、アウグスティヌスによる世界の六つの年代である。六つ目の最後の時代に、今後人々は生き、最後の審判のあとにおとずれるであろう永遠に備えなければならないのだった。しかしその教えは、「世界は老いる《ムンドゥス・セネスキト》」

である。そしてそこから導き出されるのは——年代記や説教が証言しているように——、世界は解体しつつあり、世界を待ちうけているのはその救済ではなく消失であるという考えかただ。

ところがまもなく、いくつかの修道院から、この考えかたに異を唱える聖職者たちがあらわれた。彼らは同時代人たちに向かって、みずからをむしろ先人たちに対する現代人《モデルニ》とみなすべきだと断言したのである。中世の絶対的優位を立証することはないものの、自分たちが住んでいる世界の長所や観点を、彼らは引き立てようとした。一部の人々にとって中世は、現代性《モデルニテ》を備えた時代となるにいたったとさえ言うことができる。現代性ということの言葉が、過去と現在と未来の対立のなかでのもっとも重要な掛け金となる。

中世思想史の専門家エティエンヌ・ジルソンには、「現代《サエクルム・モデルヌム》としての中世」[*1]と題された論文がある。当然ながら、中世に暮らした人々は彼らの時代が中世と呼ばれるようになることを知らなかったとしたうえで、彼らには長い時間のなかに位置づけて自分たちの時代がどのように見えていたのかと、ジルソンは自問する。長い時間、それは年代記作家にとっては歴史であり、大多数の人々にとっては記憶のことだ。ところで後者の人々は、シャルルマーニュまでは、先人たちの時代が続いていたと考えた。その後に関しては、彼らは、学知が古代ギリシア・ローマから西に、とくにガリアに移動すると考えるようになった。すなわち、学の移動《トランスラティオ・ストゥディイ》である。

＊1　Etienne Gilson, « Le Moyen Âge comme *saeculum modernum* », in Vittore Branca (dir.), *Concetto, storia, miti e immagini del Medio Evo*, *op. cit.*, p. 1-10.

十一世紀をさかいに、古代との分離がはじまる。弁証法教師たちは、文法ではなく論理学をおもに教えるようになる。ささやかながら、これは科学が文芸に勝利する前ぶれなのだ。十一世紀末のカンタベリーのアンセルムスとともに、弁論術《エロクエンティア》でなく弁証法《ディアレクティカ》が理想的な知とされるようになる。アリストテレスの論理学が参照されはじめ、スコラ学はみずからを「現代的」とする。

現代性という概念を否定的な意味でとらえる保守的精神の持ち主もいたことはたしかであるとジルソンは認めている。たとえば十二世紀はじめのノジャンのギベールは、その回想録のなかで、現代の世紀が思想と風俗にもたらした腐敗について語っている。しかし前例のない現代性への転換が、ソールズベリーのヨハネスの『メタロギコン』（一一五九）

のなかに見てとれる。

なんということか、すべてが新しくなっている。文法は一新され、弁証法はさま変わりし、修辞学がないがしろにされている。四科《クァドリウィウム》にいたっては、かつての規則がうちすてられ、深遠なる哲学から引きだされた新しい規則が採用されている。[*1]

＊1　*Ibid.*, p. 5.

十四世紀になると、フランドルの聖職者ヘールト・フローテ（一三四〇―一三八四）が教会改革の必要性を熱心にとなえはじめた。キリスト教の精神性は、キリストに倣ったものでなければならない。多くの傾向が十六世紀にイエズス会の創設者イグナチオ・デ・ロヨラに受けつがれることになるこの運動は、〈現代の信仰《デウォティオ・モデルナ》〉という名で呼ばれている。そのため、ルネサンスと名づけられるであろう運動と時代の指導者たちがあらわれると、彼らは「中世」の現代性を糾弾しはじめるのである。たとえば十五世紀のフィレンツェの建築家アントニオ・フィラレーテは、その『建築論』（一四六〇―一四六四）にこう書いている。「だから私は、現代の慣行を捨てるように、この荒っぽいやりかたを実践している師たちの教えに従うことのないように、みなに忠告したいのである」[*1]。

＊1　*Ibid.*, p. 9.

実際には歴史家たちは、〈現代の信仰〉の主要な成果でトマス・ア・ケンピス（一三七九または一三八〇―一四七一没）の作とされる『キリストに倣いて』を、宗教における前ルネサンス期を代表する作品だとみなしている。『キリストに倣いて』が重視するのは聖書を読むことであり、教会改革はその大きな関心事となっている。また、行動と瞑想――ロヨラが識別《ディスクレティオ》と呼ぶもの――を結びつける個人の精神性を重んじた。

称賛と軽蔑の両方の意味をもつ「現代」という概念にうったえるのは、かなりデリケートな問題であることがわかるだろう。変化や、のちに進化と名づけられるものを探しあてるのに、この概念をよりどころにするわけにはいかない。十二世紀に、哲学や神学の革新者たちは、偉大なる師シャルトルのベルナルドゥス（一一二六以後没）のこんな言葉を広めている。

われわれは巨人の肩のうえにのった小人である。だからわれわれは彼らと比べて、よりよく、より多く見ることができる。しかしそれはわれわれの眼がより鋭く、背がより高いためではない。彼らがわれわれを宙に持ちあげ、巨人の高みのてっぺんにまで連れていってくれたからなのだ。[*1]

＊1　ソールズベリーのヨハネスによる引用。Jean de Salisbury, *Metalogicon*, III, 4, *Patrologia Latina* CXCIX, col. 90, D. D. McGarry (éd.), Berkeley, University of California Press, 1962, p. 167.

人間主義

スコラ学の闇に対抗して、ルネサンスの教養人たちは人文学研究《ストゥディア・フマニタティス》の知的・文化的体系を築きあげた。人文主義 humanisme という言葉はそこから生まれた。しかし、このように思想体系の中心に人間をすえるというやりかたは古くからある。それはルネサンスと呼ばれることになる時代の特徴であるのとおなじくらい、中世と呼ばれることになる時代の特徴でもあったのだ。

とくにシャルトルの人間主義 humanisme などと言われることがあるが、これは妥当な言いかただ。ここで私自身の書いたものから引用することをお許しいただきたい。この人間主義は十二世紀の神学を支配していたというマリー＝ドミニック・シュニュ神父の示唆に富む考えに依拠しつつ、私はこう書いた。「人間は、天地創造の対象であり中心である。それが、『なぜ神は人となったのか《クール・デウス・ホモ》』論争の意味するところだ」[*1]。

＊1　Jacques Le Goff, *Les Intellectuels au Moyen Âge*, Paris, Seuil, 1957, p. 57.〔ジャック・ルゴフ『中世の知識人――アベラールからエラスムスへ』柏木英彦・三上朝造訳、岩波新書、一九七七年〕

聖グレゴリウスも主張した伝統的な学説に、人間は天地創造の偶然の産物であるというものがある。反抗し堕落した天使たちの代わりに、神が代用品、埋め合わせとしてたまたま造ったのが人間だというのだ。それに対して、シャルトルのベルナルドゥスは、聖アンセルムスの説を発展させ、人間の創造は創造主の計画のなかで、つねに予定されていたとの考えを述べる。それどころか、世界が造られたのは人間のためなのだ。十一世紀のもっとも偉大な神学者のひとりで、イングランドのカンタベリーにある聖アンセルムスの学校で学んだオータンのホノリウスもまた、「この世界は人間のために造られた」ことを強調した。[*1] 人間はまず合理的な存在としてある。これが人間主義的合理論である。しかし最終的には、人間は世界をのみこんで、生きながらにして意味をもつ世界の要約になってしまう。これは人間＝小宇宙というイメージで、ベルナルドゥス・シルウェストリス（十二世紀）からリールのアラヌス（一一二八—一二〇三）にいたるまで見られるものである。このイメージにはまた、ビンゲンのヒルデガルトの『神の業の書』の有名なルッカ写本をはじめとする、かず多くの写本挿絵のなかでも出会うことがある。

＊1　*Ibid.*, p. 59.

十二世紀の知的ルネサンスの特徴をもっともよくあらわしているのは、おそらくサン＝ヴィクトルのフーゴーらの神学者グループで、パリのはずれのサン＝ヴィクトル修道院（いまなお「サン＝ヴィクトル通り」が存在する）を本拠とするサン＝ヴィクトル学派である。一一四一年に没したフーゴーは、『学習論』（哲学や神学の読書の手引）、『秘跡論』、中世最初の神学大全のひとつ、そして偽ディオニュシオス注解を書いている。最後のものは、十三世紀にパリ大学のカリキュラムに取り入れられ、十二世紀ルネサンスの継続に一役買っている。自由学芸の、より広くは古代思想の改革者であるフーゴーは、「新しいアウグスティヌス」と呼ばれるにふさわしい。

後世から見た中世

十七世紀は、中世のルネサンスについて、ことさら批判や軽蔑をあらわすことはないものの、灰色の時代のイメージをそれとなくもちつづけている。それでも、何人かの人物は時代の環境から救いだされ、なんらかの状況、ある家系やある場所を称えるのに利用されることがあることには注意を払うべきだ。フランスでは聖王ルイ Saint Louis がそれにあたる。フランス王家の（ルイ十三世やルイ十四世の）守護聖人である聖王ルイは、その栄光をフランス人が住みついた海外の諸地域にまでおよぼしている。ルイ十三世治下の一六三八年ころフランスの最初の貿易拠点が設立されたセネガルのサン゠ルイ Saint-Louis、北アメリカのミズーリ川とミシシッピ川の合流点に一七六四年に建設されたセントルイス St. Louis のような都市名がその例だ。また、聖ルイ Saint-Louis 騎士団はルイ十四世によって一六九三年に設立されるが、フランス革命により一七九二年に廃止され、王政復古の一八一四年にブルボン朝により復活し、一八三〇年シャルル十世の時最終的に消滅した。さらに、パリのサン＝ルイ Saint-Louis 島がその名を与えられたのは、一六二七年にセーヌ川の二つの小島が結合されたときのことである。

スコラ学と呼ばれる哲学――なぜならたいていは学校、つまりは大学で教えられたからだが(14)――は、中世が批判され拒絶される際のおもな攻撃対象になっている。最初の批判は十六世紀の教養人たちによってなされたが、十八世紀の哲学者のときそれはさらに強くなった。形容詞として十三世紀に登場する scolastique（スコラ学の）という言葉は、十六世紀になると神学的思考の染みついた考えかたを指すようになる。そしてヴォルテールが、やがてこんなことを言うようになるだろう。「スコラ神学とは、まずい翻訳でろくに理解されなかったアリストテレス哲学の私生児で、それが理性と正しい研究に与えた損害は、フン人やヴァンダル人の与えたものよりも大きかったのだ[*1]」。

＊1　この『風俗についての試論』からの抜粋は、以下の辞書の「スコラ学」の項に引用されているものである。Alain Rey (dir.), *Dictionnaire culturel en langue française*, Paris, Le Robert, 2005, t. IV, p. 632. なお辞書のつづきには、「このような古典主義時代の評価は、今日では完全に覆されている」とある。

十九世紀になると、中世とその思想の再評価が見られるが、それでもまだエルネスト・ルナンは『イエスの生涯』(一八六三)のなかで次のような評価をくだしている。「これらスコラ的文化の特性は、厄介な状況に対してはつねに精神を閉ざすことである」。[*1] よりニュアンスのこもった言いかたにはなっているが、中世についての評価は変わっていない。中世の人々とは未開人なのだ。

＊1 *Ibid.*

いうまでもなく中世とは、教会権力の支配する骨の髄まで宗教的な時代で、信仰の力がほぼすべてを覆いつくしている。たしかに十六世紀には宗教改革による断絶があり、激烈なユグノー戦争がくりひろげられた。キリスト教信仰は以後、少なくとも二つの形をとってあらわれる。伝統的カトリック教会のほかに、プロテスタントと呼ばれる新たな改革派があらわれるのだ。そこにはグレート・ブリテン島のイングランド教会、大陸のルター派とカルヴァン派など、複数の教派が含まれる。ルター派はドイツ文化圏や北欧で比較的強

(14)「スコラ学」という呼び名のもとになっているのは、「学校」を意味するラテン語の *schola* である。

く、カルヴァン派はロマンス語圏に広まっている。しかし、これらが依然としてキリスト教であることに変わりはない。リベルタンと呼ばれる信仰をもたない教養人たちのグループが出現するのは、十七世紀のことにすぎない。よく知られた名としては、コレージュ・ド・フランスの数学教師であり哲学者でもあるガッサンディ（一五九二—一六五五）が挙げられる。リベルタンは、たとえばモリエールの『タルテュフ』『ドン・ジュアン』などの芝居には登場するが、アカデミー・フランセーズが編集する辞書にこの語が掲載されたのは、ようやく一七六二年の第四版になってからである。

近代的美

「ルネサンス」の新しさが否定しがたい形であらわれているように思われるのは、芸術の分野である。しかし、もっとも重要な変化とは、近代的美と呼べるものの誕生のことであろう。そしてそんな美が姿を見せるのは中世のことなのだ。この変化については、ウンベルト・エーコの『中世美学における芸術と美』というすばらしい研究がある。エーコが言うように、ルネサンスの人々が中世に対して非難したことのひとつは、「美的感性」を欠いているというものだった。[*1] スコラ学が美の感覚を麻痺させたという考えかたに猛然と異を唱えつつ、エーコは説得力のある形で、中世の哲学と神学には美の問題があふれていることを証明している。エーコは個々の芸術作品をあつかわず、一般的な美的関心を問題にする。しかしこの問題について考えた読者は、あるいはまた、たとえばアンリ・フォションの『ロマネスク彫刻家の技』[15]（一九三一）やとりわけ『西洋美術』[16]（一九三八）のような中世美術について書かれた他の著作を読んで思いをめぐらせたことのある者は、ロマネスク教会やゴシック大聖堂を目にして確信することであろう。この時代はたんに芸術の傑作を生み出しただけではない。美の感覚と、それを表現する欲望、美を創造し神と人類に捧

(15) アンリ・フォション『ロマネスク彫刻——形体の歴史を求めて』辻佐保子訳、中央公論社、一九七五年。
(16)『西欧の芸術1　ロマネスク』（上・下）、神沢栄三・加藤邦男・長谷川太郎・高田勇訳、SD選書、鹿島出版会、一九七六年、『西欧の芸術2　ゴシック』（上・下）、同上、SD選書、鹿島出版会、一九七六年。

げたいという気持ちにつき動かされていたのである。

＊1　Umberto Eco, *Arte e bellezza nell'estetica medievale*, Milan, Bompiani, 1987（*Scritti sul pensiero medievale*, Milan, Bompiani, 2012 に再録）; *Art et beauté dans l'esthétique médiévale*, trad. Maurice. Javion, Paris, Grasset, 1997, p. 26.〔邦訳は、ウンベルト・エコ『中世美学史――「バラの名前」の歴史的・思想的背景』谷口伊兵衛訳、而立書房、二〇〇一年〕

中世は豊富な傑作のかずかずを作ったが、それは写本挿絵という、残念ながら大多数の人の目にすることのできない分野にとくに多い。

中世はまた芸術家を生んだ。すなわち、もはやたんなる手作業の専門職人ではなく、美を作りだす意志に導かれた、そんな意志に生命をささげる人間、それを職業以上のなにか、運命としている人間である。芸術家は中世社会のなかで威厳を獲得するが、それは無名であることの多かった中世初期の建築師、絵師、彫刻師がもちえなかったものだ。さらに、成功し名をなした者たちは、作品で十分に生計を立てることができ、富裕層という、十三・十四世紀にますます普及する貨幣のおかげで社会の頂点に登りつめる階層の仲間入りをすることとなる。

同時代人自身から芸術家の肩書を認められた最初の人物は、ジョットである。彼が本拠地とするのは、この先駆的イタリアのなかでも十三世紀末から十四世紀初頭におそらくもっとも繁栄した、もっとも美しい町、フィレンツェだ。アッシジのフランチェスコのフレスコ画、フィレンツェのサンタ・クローチェ教会のフレスコ画で頭角をあらわすが、芸術家としてのイメージを決定づけたのは、パドヴァのスクロヴェーニ礼拝堂の装飾によってであろう。

宗教建築の分野では、中世のあいだに見られる大きな変化といえば、ロマネスク芸術から、アラン・エルランド゠ブランダンブルグのいう「十二世紀のゴシック革命」[*1]への移行のみである。しかし、ペストが結果として経済にもたらした財政危機やあいつぐ戦争から、やがて大聖堂建設の財源は尽きてしまう。シエナ大聖堂をはじめとするいくつかは、未完成のまま放置される。

＊1　Alain Erlande-Brandenburg, *La Révolution gothique au XIIe siècle*, Paris, Picard, 2012.

世俗建築の分野では反対に、根本的な変化がおこる。これは城に関連している。十四世紀まで、領主の城塞はなにより避難と防衛の場所であった。しかし大砲が戦闘で使われることがしだいに増えてくると、城のもたらす防衛力はもろいものになる。こうして城は軍事的な用途を失い、娯楽用の住居に変貌するのである。階段や家具や散歩の場所などが、特別な趣向をこめてしつらえられるようになる。

絵画に関していうと、十五世紀半ばにフランドルにイーゼルのうえで描かれる油彩画があらわれるのは、正確には中世の現象なのかルネサンスの現象なのかは決められない。しかし、決定的な発明はまちがいなく中世のものだ。すなわち、似姿をつくることを意図した肖像画の発明である。こうして、過去の人々の正確なイメージが、われわれのところにまで押しよせることになったのだ。とくに、個人が浮き彫りになったのは決定的な進歩である。浮き彫りになったのは顔であるが、顔は身体の一部だ。これ以後、身体は歴史的記憶を獲得するのである。

有名なルネサンス史家ゲルハルト・ランダーは、ルネサンス美術のおもな特徴のひとつで、これを中世と区別し対立させるのは、植物にふんだんに場所が与えられている点であると主張した。[*1] この植物は象徴的な意味をもっているのだが、その豊穣さはそれだけでルネサンス概念を例証しているように、ランダーの目には映るのだ。ルネサンスはこうして、中世の冬のあとにおとずれた、一種の世界の春となるのである。

＊1　G. B. Ladner, « Végétation Symbolism and the Concept of Renaissance », in M. Meiss (éd.), *Essays in honor of Erwin Panofky*, New York, New York University Press, 1961, p. 303 *sq*.

ところが、中世もまた花々や葉や木々に満ちている。みながそのとき、アダムとエバとともにエデンの園に生まれ、いわばいまだそこを離れていないような気持ちになる。原罪のせいで人間は、この植物たちを幸福のうちに所有することはかなわない。しかし代わりに労働が与えられ、そこから日々の糧と天国をかいま見させる美とを引きだすことができる。『ロマネスク世界　善悪の彼岸』において、ジェローム・バシェ、ジャン＝クロード・ボンヌ、ピエール＝オリヴィエ・ディットマールは、「植物装飾」を一章まるごと割いて論じている。[*1] この植物世界もまた象徴的であり、装飾は教会を霊的な場所に変える役割をはたしている。しかしたんに地上的な植物もまた存在する。マリアの処女性の象徴である閉ざされた園を人類に開くルネサンスは、この分野でもまた中世の延長でしかない。

＊1　Jérôme Baschet, Jean-Claude Bonne et Pierre-Olivier Dittmar, *Le Monde roman. Par-delà le bien et le mal*, Paris, Arkhe, 2012.

わたしの妹、花嫁は、閉ざされた園、
閉ざされた水源、封じられた泉。
ほとりには、みごとな身を結ぶざくろの森、
ナルドやコフェルの花房、[*1]

＊1　雅歌、四章、一二―一三。

中世文学の最高傑作であるダンテの『神曲』では、ベアトリーチェが煉獄から天国へたどり着くやいなや、植物が芽を出し花を開かせる。また十三世紀にもっとも華々しい成功を収めた、一輪の花をめぐる『薔薇物語』は、象徴的に花を咲かせる植物たちのなかで展開する。

ここで音楽のことを考えよう。ノルベルト・エリアスは、社会学者として、モーツァルト（一七五六―一七九一）の人物と生涯についての注目すべき試論『モーツァルト　ある天才の社会学』[*1]を書いている。エリアスによれば、モーツァルトは一七八一年から一七八

二年にかけて、父の重圧や、最初のスポンサーであるザルツブルク大司教〔コロレド〕や神聖ローマ皇帝〔ヨーゼフ二世〕との窮屈な関係から解放され、職人的芸術から独立した芸術への移行をとげる。モーツァルトの姿を借りて、こうして個人が華々しく登場している。長い中世から近代への移行を告げる、重大な出来事である。

＊1 Norbert Elias, *Mozart sociologie d'un génie*, Paris, Seuil, « La Librairie du XXXIe siècle », 1991.〔ノルベルト・エリアス『モーツァルト――ある天才の社会学』新装版、青木隆嘉訳、法政大学出版局、二〇一四年〕

魔術は中世の現象か

中世からルネサンスにかけてある活動が活発になり、教会とキリスト教社会に激しい動揺を引きおこす。魔術である。なにより二つのことを明確にしておこう。まず、ミシュレは魔術の普及を十四世紀のこととしているが、依拠している書物の年代推定に誤りがある。魔術が実際にはじまるのは十五世紀のことである。つぎに、魔術とは本質的に女性にまつわる現象である。したがって、社会の女性観がその影響を受ける。伝統的女性観を反映するかのように、ルネサンス時代の女は尊敬や賛美の対象にはならない。それは、神と悪魔の中間のあいまいな存在である。

「魔法つかい」という言葉は十二世紀にあらわれたようで、その意味が明確になるのは、トマス・アクィナスが『神学大全』（十三世紀後半）でこれを悪魔と契約を結んだ人間と定義して以降のことである。こうして魔法つかいは十五世紀には悪魔的人間となる。箒や杖にまたがって空を飛ぶ女というその神話的図像表現が定着するのもこのころのことだ。魔女はしたがって、中世の登場人物というよりははるかに、いわゆる「ルネサンス」の登場人物、あるいは古典主義の世紀の登場人物でさえあるのだ。

中世がこの分野でなんらかの働きをしたとするなら、それは魔術をまえにした社会の不安という側面においてである。それはとくに一二六〇年ころ顕在化する。魔女たちの活動は異端とみなされるとして、教皇アレクサンデル四世が異端審問官たちに、魔女たちを追跡し場合によっては火刑に処する任務を与えるのだ。このような新たな精神状態、教会の新たな態度を背景にして、トマス・アクィナスは悪魔との契約という考えをもちだす。十五世紀になるとさらに天上のサバトのモチーフがあらわれ、不安をさそうイメージは完全なものとなる。魔術の抑圧に関するもっとも有名なエピソードは、一六三二年の事件であろう。ルーダンのウルスラ会修道女たちが悪魔憑きの錯乱におちいり、司教ユルバン・グランディエ（一五九〇―一六三四）が火刑に処されるのだ。

ドイツの二人のドミニコ会士ヤーコプ・シュプレンガーとハインリヒ・クラマーが、一四八六年に手荒な抑圧を指導する有名な『魔女に与える鉄槌 *Malleus Malificarum*』を出版する。とくに注意すべきなのは、ルネサンス賛美者の意見に従っても、これはすでにルネサンスのさなかの出来事であるということだ。ジャン゠パトリス・ブーデは、十五世紀には魔法つかいたちがしばしば「ワルド派」と呼ばれていたことから（一四五九年から一四六〇年にかけて、アラスでは「ワルド集会[17]」が蔓延する）、『魔女に与える鉄槌』が受けい

(17) もともと「ワルド派の集まり」という意味である vauderie は、よりひろく異端者の、あるいは魔法つかいの集会に対しても用いられた。北フランスの町アラスでは、裁判の結果、悪魔を崇拝し魔法つかいのサバトをおこなったとして、さまざまな階層の市民二十九人が有罪となり、うち十人が火刑に処された。

れられた背景には、コンスタンツ公会議（一四一四—一四一八）、そしてとくにバーゼル公会議（一四三一—一四四九）における議論があったのだと考える。[*1] さらにブーデは、フランスの王政が大逆罪を習慣化しこれを魔法つかいに適用しているという事実を強調する。魔法つかいという現象はしたがって、ある種の政治的時代区分と関係があると言うことができるだろう。この問題は、あとであらためて触れることにする。

＊1　Jean-Patrice Boudet, *Le Mal et le Diable. Leurs figures à la fin du Moyen Âge*, Paris, Beauchesne, 1996.

最後に、イギリスの歴史家ロバート・C・デイヴィスとエリザベス・リンドスミスの本『ルネサンスの人々』を引用することにしよう。副題は「近代世界の発明者たち」である。この本はまず唐突に、中世とルネサンスならびにその新しさとのあいだの対立を明確にすることからはじめる。

ヨーロッパの文化的風景をあかるく照らしたのち五世紀がたった今も、ルネサンスは近代の原理としての姿をたもっている。それは中世の恐怖と狂気が希望にとって代わられた瞬間なのだ。[*1]

＊1　Robert C. Davis et Elizabeth Lindsmith, *Hommes et femmes de la Renaissance. Les inventeurs du monde moderne*, trad. J.-P. Ricard et C. Sobecki, Paris, Flammarion, 2011, p. 9.〔ロバート・デイヴィス、ベス・リンドスミス『ルネサンス人物列伝』和泉香訳、悠書館、二〇一二年〕

ルネサンスの運動がイタリアに発し、一五〇〇年ころからヨーロッパ全体に広がったことを、二人の著者は強調している。時代区分の歴史のなかで特別な地理的・文化的意味をもつ土地として、ここでもイタリアが重視されている。

しかし、最初に断定したことを覆すそぶりを見せながら、彼らはこう続ける。「実際には、ルネサンスの人々がそうであったのとおなじく、この時代にもまた闇の側面があった」[＊1]。そして『魔女に与える鉄槌』の出版が一四八六年であることに触れ、こうつけ加えている。

＊1　*Ibid.*, p. 9.

ユダヤ人大虐殺、異端審問、千年王国の宗教運動は、中世よりもむしろルネサンスに活発になるのだ[＊1]。

＊1　*Ibid.*, p. 9.

十五世紀の世界

見てのとおり、十六世紀にまでおよぶ長い中世と十五世紀初頭にはもう姿をみせるルネサンスのさきがけは、共存したり、ときには対立していたりすることがあるのだ。移行期、転換の問題についてはのちに論じるつもりである。しかしここで、中世とルネサンスが組み合わさり、重なりあっているように思われる時代について考えてみることにしよう。それは十五世紀である。

『十五世紀の世界の歴史』[＊1]の序文においてパトリック・ブーシュロンは、当時は統一された世界は存在せず、「世界のいくつかの円環」があっただけだと述べている。そしてこの本では、「世界を構成するテリトリー」と呼ばれる地域がいくつか示されるのだ。地中海とイベリア半島というヨーロッパ世界の二つの周辺地域についてはここでは触れない。さらに二つのまとまりが残されており、これが二つの章であつかわれている。ピエール・

モネによる「王たちの帝国　選挙王権と個人の同盟」と題された章、それからとくにジャン＝フィリップ・ジュネによる「フランスとネーデルラント　近代国家」である。

＊1　P. Boucheron (dir.), *Histoire du monde au XVᵉ siècle, op. cit.*

ジャン＝フィリップ・ジュネは、その研究地域のなかで起こった決定的な変化を指摘している。それは言語的な変化である。ラテン語が十五世紀には学問の言語にすぎなくなり、民族の言語がそれに代わる。ジュネがこのヨーロッパ空間にあらわれるのを見ているのは、民族と国家なのだ。それはとくに税制を通して実現される。

ここで、時代区分についてのひとつの結論が引き出される。歴史の断絶はまれであるということだ。変化はある程度の幅のなかで起こり、大規模であることもあればそうでないこともある。それが時代の転換、内的な再生である。

長い中世

いまや以下のことを示すべき時が来た。経済、政治、社会、文化のどの分野においても、十六世紀には、そして事実上十八世紀半ばまでは、根本的な変化が起きていない。中世と新時代、中世とは異なる、ルネサンスと呼ばれうるような時代との断絶は、したがって正当化されないのだ。

中世とルネサンスの連続性

十五世紀の終わりには、ヨーロッパに非常に大きな影響をおよぼすある出来事が起こる。

クリストファー・コロンブスによる発見で、彼はこれを東インドだと思った。実際にはこれは新大陸で、やがて「アメリカ」と名づけられる。このような世界内流通の拡大は、十六世紀のはじめにマゼランに引き継がれ、その世界周航で完成する。しかし、ヨーロッパにおいてこうした発見の影響が感じられるようになるのは、およそ十八世紀半ば以降のことである。じっさい、アメリカが旧大陸にとって対話の相手になるのは、一七七六年のアメリカ合衆国建国のときのことにすぎない。また南アメリカについて言うなら、それは、一八一〇年以降、ボリバルが大部分のスペイン植民国家を解放したときということになる。

ヨーロッパによる植民地化が本当に進むのは、十八世紀半ばからとりわけ十九世紀以降のことである。おそらくそれよりも重要なのは外洋航海技術の完成であり、こちらのほうはすでに中世から準備されていた。その過程で、十三世紀にヨーロッパ人に羅針盤、船尾舵、角帆がもたらされる。以後、北欧と地中海沿岸というヨーロッパの二つの部分が、商品だけでなく人も乗せた大型ガレー船によって定期的に結ばれることになる。ジェノヴァとブルッヘのあいだの定期航路は一二九七年に開かれる。フェルナン・ブローデルは、十三世紀のリスボンが寄港地としておおいに発展したことに注意を喚起し、「この活発な、海の、周辺を舞台とする資本主義経済がもたらすものを、リスボンはすこしずつ吸収していった」[*1]と述べている。「資本主義」という言葉については、あとであらためて反論をくわえたいと思う。しかしとりあえず、この重大な海を舞台とする経済活動が、はやくも中世には生まれていたことを強調しておかなければならない。伝統的な歴史記述ではこれが、十五・十六世紀にはじまるものと考えられているのだ。

＊1　Fernand Braudel, *Civilisation matérielle et capitalisme, XV-XVIIIe siècles*, Paris, Armand Colin, 1967, p. 308.

それでも、水路にせよ陸路にせよ交通手段は未熟で、郵便専門の馬車を別にすれば、あいかわらず時間がかかったとブローデルは言う。フランスにおいて主要街道が整備され所要時間が短縮されるのは、十八世紀のことにすぎない。フランスの駅馬の賃貸料は、一六七六年から一七七六年のあいだに、一二二万リーヴルから八八〇万リーヴルへと上昇する。また土木局の予算は、七〇万リーヴルから七〇〇万リーヴルになっている。土木学校が創立されるのは、一七四七年のことである。

アラン・タリオンは、『ルネサンスのヨーロッパ』のなかでこう書いている。

ルネサンス時代のヨーロッパ経済は、あらゆる伝統的生産方式に固有の弱さを、より一般化した形で保っている。領土の大半において耕作方式の真の変化は起こっておらず、したがって農業生産高の目立った伸びも見られない。だからこの経済は、成長することができないのだ。[*1]

＊1　Alain Talion, *L'Europe de la Renaissance*, Paris, PUF, « Que sais-je ? », 2006, p. 52.

農業経済は、中世のあいだに一定の成長をとげた。鉄製の犂《すき》が発明され、より深く耕すことが可能になった。三圃式輪作が広まり、年ごとの休耕地は、耕作地の半分ではなく三分の一になる。これに、犂を引かせる家畜が牛から馬にかわったこともつけ加える必要がある。しかし十六世紀のヨーロッパには、そしてそのあとでさえ、まだ長期持続の農村経済が残っている。地方のこのような農村的性格は、このときむしろさらに強まる。商業や生まれたばかりの銀行業で富を手にした者たちが、利益の大半を農地に再投資するのである。イタリアではジェノヴァやフィレンツェの銀行家たち、フランスではフランソワ一世の大財務官たちがこれにあたる。[*1]

＊1　*Ibid.*, p. 60.

中世とルネサンスの連続性を示すもうひとつの要素は、経済思想の発達である。偉大なスコラ学者アルベルトゥス・マグヌスによるアリストテレスの『ニコマコス倫理学』の翻訳（一二五〇頃）のなかで、「価値」という言葉がその理論的意味において使われていることが、おそらくその出生証明となるだろう。シルヴァン・ピロンの説得力にみちた説によれば、異端嫌疑をかけられたフランシスコ会士ペトルス・ヨハニス・オリヴィの『契約論』（一二九二頃）によって、経済思想は大きな進化をとげる。「希少性」「元金」「利子」といった概念が導入され、その理論と実践をめぐって活発な議論が起こるのである。[*1] 金銭の貸付の際の利子の禁止は、教皇ウルバヌス三世が一一八七年ころ出した教令によってその頂点に達するが、その後は徐々に見られなくなる。ナポレオンの民法典（一八〇四）には、この禁止は存在しない。一六一五年のアントワーヌ・ド・モンクレティアン（一五七五―一六二一）になると、一冊の概論（『政治経済論』）のなかで「政治経済 économie politique」の概念にうったえている。しかし、économie という言葉はそれまで、古代ギリシア語やアリストテレスに見られるように、「家政」を意味していたのだ。資本主義の西洋は、こうした長い時間にわたる変化の産物である。その経済的・社会的基盤のなかに、ルネサンスの断絶は見られない。

＊1　Pierre de Jean Olivi, *Traité des contrats*, présentation, édition critique, traduction et commentaires de Sylvain Piron, Paris, Les Belles Lettres, 2012.

ブローデル『物質文明と資本主義』

フェルナン・ブローデルの大著『物質文明と資本主義』(18)（一九六七）は、中世とルネサ

(18)『物質文明と資本主義 Civilisation matérielle et capitalisme』は、一九六七年にアルマン・コラン社から出版されたが、一九七九年、あらためて同社から、三巻からなる『物質文明、経済、資本主義 Civilisation matérielle, économie et capitalisme』の第一巻『日常性の構造 Les structures du quotidien』として出版された。この完成版『物質文明、経済、資本主義』には、以下の翻訳がある。フェルナン・ブローデル『物質文明・経済・資本主義——十五—十八世紀』全六巻、村上光彦他訳、みすず書房、一九八五—一九九九年。

ンスの連続性を考えるための貴重な材料を与えてくれる。十一・十二世紀の飛躍的発展にはじまりフランス革命前夜にまでいたる旧体制ヨーロッパの農村世界においては、収穫はつねに飢饉の影響を受けているとブローデルは言う。例外的に恵まれた国と考えられるフランスでさえ、国中を襲う飢饉が、十世紀に十回、十一世紀に二十六回、十二世紀に二回、十四世紀に四回、十五世紀に七回、十六世紀に十三回、十七世紀に十一回、十八世紀に十六回起きているのだ。[*1] もっとも恐ろしい疫病であるペストは、一三四八年から一七二〇年までのあいだ、くり返しヨーロッパの命を奪う。ここにも、十五・十六世紀の切断は存在しない。

＊1　F. Braudel, *Civilisation matérielle et capitalisme, XV-XVIIIe siècles, op. cit.*, p. 55.

ブローデルはまた、十八世紀までヨーロッパ人の摂る栄養は、おもに植物性の食物で構成されていることを強調している。[*1] フランスは例外的に肉食の国だが、奇妙なことに食生活のなかで肉の消費量は、ルネサンス賛美者によれば成長の世紀であるはずの十六世紀のあいだ、むしろ一五五〇年以降急落しているのだ。ヨーロッパの外の地域からもたらされる飲料や野菜は、十六世紀以降あまり普及していない。たとえば、ココアや紅茶である（それもイギリス、オランダ、ロシアに限った話だが)。十七世紀のあいだにヨーロッパに到達するコーヒーも、本当に消費量が伸びて、南・中央ヨーロッパの食生活に欠かせない飲み物になるのは、十八世紀半ば以降のことである。十八世紀まで、麦をはじめとする穀物全般(混合麦、ライ麦など)の収穫高はわずかで、肥料には人糞、畜糞を用いている。大革命につながった数々の暴動のさまざまなきっかけのなかでも、一七八九年の飢饉がはたした役割は大きいと言えるだろう。

*1 *Ibid.*, p. 78.

十一世紀以降、水車が発達したおかげでパンの生産量が増加し、パンはヨーロッパ人の基本的な食品になる。パンの価格は品質によってさまざまである。農民の食べる黒に近いパンと都市民や領主たちの白に近いパンのあいだには、格差が生じる。しかしブローデルはこう書いている。

真の白パン革命が起こるのは、一七五〇年から一八五〇年のあいだのことにすぎない。このとき、他の穀物に代わって小麦が用いられるようになるのだ(たとえばイングランドでは、パンはしだいに麩《ふすま》を取りのぞいた小麦粉から作られるようになる)。[*1]

＊1 *Ibid.*, p. 106.

上流階層は、おいしく健康にも良い食べ物を求めはじめる。発酵パンが普及して、たとえばディドロなどは、長いあいだ食生活の基本であった粥は胃にもたれて困ると言っている。一七八〇年には国立製パン学校ができる。そしてナポレオン軍が、ヨーロッパ中に「白パンという貴重な富」[*1]を広めてまわるだろう。

＊1 *Ibid.*, p. 106.

これも中世のことだが、北欧の漁業と魚を保存する新技術によって、ニシンはヨーロッパ人の食べ物になる。ニシンの大漁場のおかげで、ハンザ都市の、ホラントやゼーラントの漁師たちは、十一世紀から富を手に入れる。一三五〇年ころには、あるオランダ人が、すばやく鰊《にしん》の腸《はらわた》を取り船のうえで塩づけにして「樽づめ」する(容器に収める)方法を発見したという。鰊は以後ヨーロッパ中に輸出され、ヴェネツィアにも運ばれるようになる。東洋から輸入される胡椒は、中世の料理には欠かせない食品だが、やはりその後も消費は続き、ようやく減少するのは十七世紀半ば以降である。

このように消費には連続性が見られるが、輝かしい未来が約束された新たな現象にも注目する必要がある。蒸留酒がひろく普及するのはかなりあとのことだ。ブローデルの言うように、十六世紀が「いわばアルコールを生んだ」[*1]としても、それが一般に広まるのは十八世紀のことである。とくに女子修道院でつくられていたブランデーは、長いあいだ薬とみなされ、医師や薬剤師はペスト、痛風、声がれの薬として処方していた。その消費量は以後ゆっくりと増え、十八世紀に最高になる。しかし、たとえばアルザス、ロレーヌ、フランシュ＝コンテで生産されるキルシュ〔さくらんぼを原料とするブランデー〕は、パリでは一七六〇年ころもまだ薬としてしか用いられていない。

＊1　*Ibid.*, p. 180.

金属の文明

金属の生産と使用について考えよう。この分野が工場生産と結びついて発達するのは、十八世紀のイングランドにおいてのことである。しかし金属が、中世からルネサンス、そしてその後へと、継続的に用いられているということに注意すべきだ。マチュー・アルヌーは、「中世文化の物質面は、おそらく木材文明であるのと同じくらい金属文明である」と書いている。[*1] 大聖堂建設や、進歩しつつあった農具（鉄製の刃板や撥土《はつど》板をもつ犂）製作に使用されている鉄は、かなりの量にのぼる。軍馬としてだけでなく犂《すき》を引く動物としても馬の使用がますます広まったため、蹄鉄《ていてつ》工という社会に中心的地位を占める人物が、農村においてその数を増やしていく。あちこちに工房が建つ。武器製造業者である鍛冶屋は、ロベール・フォシエの言葉を借りるなら、正真正銘の「整備工」である。[*2] 鉄棒商人は、鉱石を製錬することによって金属を商品化する。ほかにも、釘製造工、錠前屋、「金物屋《メニャン》」と呼ばれる鉄製品の修理をおこなう巡回業者などがいる。

＊1　Article « Fer », in Cl. Gauvard, A. de Libéra, M. Zink, (dir.), *Dictionnaire du Moyen Âge*, *op. cit.*, p. 523.

＊2　Robert Fossier, *La Terre et les hommes en Picardie jusqu'à la fin du XIIIe siècle*, Paris, Louvain, 1968.

人名研究が、この鉄の普及に関する証言をもたらしてくれる。ヨーロッパの大部分（とくに西ヨーロッパ）で、十三世紀に――これは苗字が発達する時期である――、いくつもの鍛冶にまつわる名前が生まれる。フランスではフェーヴル、ルフェーヴルなど、イギリスではスミス、ドイツ文化圏の国々では、シュミット。また、ケルト語に属するブルトン語では、鍛冶屋のことを「ル・ゴフ」ということをつけ加えるのをお許しいただけるだろうか。

文明化の過程

衣服の分野で流行が生まれ発達したのは、すでに述べたように、通例では十五・十六世紀のこととされている。しかしこれはじつは中世のさなかにまでさかのぼる現象である。最初のぜいたく禁止令が君主や都市によって発布されたのは、十三世紀末のことなのだ。

ドイツの有名な社会学者ノルベルト・エリアスの著作は、第二次大戦後の社会科学にさまざまな影響を与えてきたが、そのエリアスは、西洋文明を構成する風俗のモデルが大部分中世に発していることを証明している。主著のひとつ『西洋の推進力[19]』のなかで、エリ

(19)『西洋の推進力 La Dynamique de l'Occident』は、エリアスの主著『文明化の過程』第二巻仏

アスは、十一世紀から「進化」という言葉が勝利を収める十八世紀にいたるまでヨーロッパを変化させつづけた、ひとつの横断的運動に注目する。この進化はそれまでは、変化と新しさをめざす力、今では「再生」と呼ばれるようになっている力としてしかあらわれることはなかった。古代ギリシア・ローマが文明の頂点とみなされ、こうした再生は、社会や文化や具体的な設備をそこへ連れもどすものと考えられていたためである。

エリアスはとくに、日常生活のなかで人々のふるまいが文明化される過程を浮き彫りにしている。たとえば、中世のさなかの十三世紀に「テーブルマナー」が普及する様子に彼は注目する。[*1] フォークの西洋への導入はなかなか進まないが、そのあいだに個人用の食器が生まれ、食事の際には各自自分のものを使うようになり、何人もが同じ皿やスープ鉢から食べることはなくなる。また、食事の前後には手を清潔にすることが求められる。唾をはく行為は徐々に排斥され、完全に消え去ることはなかったものの、めざましい成果が見られた。

＊1　« Manières de table », in Norbert Elias, *La Civilisation des mœurs*, trad. Pierre Kamnitzer, Paris, Calmann-Lévy, 1973, rééd. 1991.〔邦訳は、ノルベルト・エリアス『文明化の過程〈上〉ヨーロッパ上流

階層の風俗の変遷』改装版、赤井慧爾・中村元保・吉田正勝訳、叢書ウニベルシタス、法政大学出版局、二〇一〇年〕

礼儀作法の洗練と普及は、エリアスにとって文明化のもっとも重要な要素である。礼儀作法は、中世のクルトワジーという文化のなかで形成される。それはまず十一・十二世紀に、王侯権力の発達とともに生まれる宮廷を通して貴族階級に広まり、つづいて十七・十八世紀には、中産階級から民衆までの社会階層に広められる。宮廷は、中世文学のなかで厳しい批判を浴びている。ヘンリー二世（在位一一五四―一一八九）の宮廷は、〔王に仕えた聖職者〕ウォルター・マップの本『宮廷人の閑話』[20]に取りあげられているが、そこでは騎士たちの女々しさが槍玉に挙げられているのだ。それでも、宮廷がとくに大革命までの

語訳のタイトル。邦訳は、ノルベルト・エリアス『文明化の過程〈下〉――社会の変遷／文明化の理論のための見取図』改装版、波田節夫他訳、叢書ウニベルシタス、法政大学出版局、二〇一〇年。

(20) ウォルター・マップ『宮廷人の閑話――中世ラテン綺譚集』瀬谷幸男訳、論創社、二〇一四年。

フランスで威光を放つ場所であり、正しい作法を広める場となっていたことに変わりはない。

ナタリー・エニックは、ノルベルト・エリアスの仕事を通してつぎのようなことを示している。「十一世紀の封建的領主制から〔…〕それが頂点に達する啓蒙の世紀にいたるまで」、すなわち休戦と平和のための努力が開始され、いまだ制圧されない暴力の危険がしだいに遠のいていく、だいたい十八世紀半ばまでの時期（これは礼儀作法の時代でもある）、この時期は西洋の文明化の時期にあたっている。エリアスの説を紹介しながら、エニックは言う。

この運動の推進力は、国家の形成から生じている。王権がしだいに二つの独占を手にしていくのがその原因だ。すなわち、ひとつは税の独占で、これにより君主と領主の関係は貨幣に基づくものとなる。もうひとつは合法的暴力の独占であり、これにより、軍事力もあらゆる講和のための条件も、ただ王の手にのみゆだねられる。[*1]

＊1 Nathalie Heinich, *La Sociologie de Norbert Elias*, Paris, La Découverte, 1997, p. 10.

このように、経済の基盤はあいかわらず農業であり、農民は領主の支配下にある。

時代の終わり

中世は西洋を大聖堂で覆ったが、大砲が発達すると、すでに述べたように城塞は娯楽用の宮殿におきかえられる。そのもっとも輝かしい例はシャンボール城であり、もっとも威厳があるのはヴェルサイユ宮殿である。絵画は、フランドルでイーゼル絵画が発明されて発展し、十四世紀初頭にあらわれた肖像画は貴族の財産のひとつになる。宗教改革によって、キリスト教は分裂と暴力のなかに投げこまれ、十六世紀は宗教戦争の時代になる。それでも、カトリックとプロテスタントという形をとりながら、キリスト教は十八世紀半ばまで多数派勢力でありつづける。政治の面では、一五七九年にネーデルラント連邦が共和国として誕生し、一六四九年にイングランドの内乱から国王チャールズ一世が倒され処刑されるが、フランス革命までのあいだ、西洋では君主制が支配的である。

学問の発達もあいかわらず緩慢であり、十八世紀の半ばには、この長い蓄積がもたらしたものをひとつにまとめる必要を感じる教養人グループがあらわれる。こうして生まれるのが『百科全書』であるが、知識の分野においてはこれが、ひとつの時代の終わりと新たな時の到来を告げる出来事になっている。

スペイン継承戦争を終結させ、ヨーロッパの大部分をまきこんだ混乱を収拾したユトレヒト条約（一七一三―一七一五）とともに、伝統的な政治の時代は終わるようである。旧勢力が大々的にぶつかりあうのは、おそらくオーストリア継承戦争（一七四〇―一七四八）が最後だ。そのなかでも印象的な出来事は、フランスがイングランドとネーデルラント連邦に勝利したフォントノワの戦いである。

一四九二年――世界の拡大

一四九二年は、感嘆すべき年、新時代を画する日付といえるのだろうか。いずれにせよ重大であることに変わりはない出来事に、私はすでに言及した。しかし歴史の変化に対するその影響は、さまざまな解釈が可能である。だからこの出来事は、歴史の時代区分について考えるための格好の事例を提供してくれるのだ。すなわち一四九二年の、クリストファー・コロンブスによる、やがてアメリカと呼ばれることとなるものの発見のことである。

この日付がもつ問題点は、中世やルネサンスに関する多くの本でもあつかわれているが、私は重要な本を二冊あげておきたい。まずフランコ・カルディニのイタリア語の本『一四九二年、ヨーロッパ　ある大陸の五〇〇年前の肖像』、そしてベルナール・ヴァンサンの『一四九二、「感嘆すべき年」』である。

フランコ・カルディニは、ヨーロッパという地理的単位を主題に選んだ。カルディニにとって十五世紀の終わりの「ヨーロッパ」とは、ひろく用いられていた名であり、ひとつの政治的現実である。この時代、田舎と都市が相互補完的な関係にあると、カルディニは言う。田舎は人口と面積の点で大部分を占めるが、都市は仕事や金もうけの可能性をもたらしてくれるのだ。しだいに軍事機能を失っていく城のなかで、貴族はぜいたくな暮らしをしているが、その住居は田舎だけでなく都市にも存在する。中央・南ヨーロッパの都市では、公共の広場でさまざまな社会階層が混じりあう光景が見られるが、北方の都市になると、これが大きな教会やギルド集会所に移る。生活は祝祭に満ちており、人々は折に触れ、貴族は城館で、庶民は街路で、ダンスを楽しむ。街では、入浴のためであると同時に性的快楽の館でもある浴場が、祈りの場所である教会と、その存在を主張しあっている。

技術の面から見ると、絵画技法における遠近法の発明が示すように、十五世紀のヨーロッパは発明社会である。カルディニは、こうした革新においてイタリアがはたす特別な役割を強調している(「地域国家」のシステムが形成されたイタリアは、政治の分野でもこの役割を演じているのだ)。

十五世紀にはしかしながら、苦しみや貧困という別の側面もある。キリスト教世界はこのとき、ペスト、飢餓、戦争という三つのわざわいに襲われる。死の舞踏と往生術の時代である。しかしカルディニは、そんな世界のただなかに海をきらめかせもする。中世初期以来の香辛料をはじめとする貿易をとおしても、アフリカ海岸探検や、一四九二年にコロンブスの航海をあと押しした東インドの夢をとおしても、海はかいま見えるのだ。とはいえ、ジェノヴァの航海士［コロンブスのこと］のうしろには、カラベル船のうえにも、キリスト教世界にも、黄金の発見を夢見る者たちが多くいたが、彼自身はなにより、異教徒たちを真の神であるキリスト教徒の神へと導くことに心を奪われていた。コロンブスはやはり中世の人間なのだ。

この本でカルディニは、「〔コロンブス〕提督へのオマージュ」[*1]を捧げている。結局彼がこの一四九二年の先に見ているもの、それは「中世の死、近代のあけぼの、世界の突然の拡大」[*2]である。中世の死を口にしながら、カルディニは連続性を強調し、同じ世界が拡大されると言っている。「ルネサンス」と言わずにたんに「世界」と呼んでいるものが、コロンブスを生んだ中世から出現するのである。

＊1 Franco Cardini, *Europa 1492. Ritratto di un continente cinquecento anni fa*, Milan, Rizzoli, 1989, p. 208; *1492, l'Europe au temps de la découverte de l'Amérique*, trad. et adapt. de Michel Beauvais, Paris, Solar, 1990.

＊2 *Ibid.*, p. 229.

そこで歴史家に対して、次のような質問が投げかけられる。この一四九二年の拡大において重要なのはなにか。死にゆくものか、続いていくものか。

民族と言語

ベルナール・ヴァンサンも、この一四九二年という年を、キリスト教世界にとって過去の世紀を総括し来たる世紀を予告する年であるとしている。これは「感嘆すべき年」なのであり、彼は序文において、これをコロンブスの発見の年とのみみなす誤りを指摘している。ヴァンサンは一四九二年の豊かさの意味を、イベリア半島を起点に、四つの出来事を通して検討する。これらはみな、歴史の連続性をかき乱すような特別な事件なのである。

まず、キリスト教世界においてイスラムの手にあった最後の都市グラナダのイスラム領主が、カトリック両王に降伏した。第二の出来事は、ユダヤ人の追放である。たしかにスペイン人以前にも、イングランド人やフランス人がすでに同様の措置を講じたことがある。しかしカトリック両王は、積み重ねられた改宗の努力を継続するのか、追放するのか、長いあいだ躊躇していたように思われるのだ。したがって、一四九二年が感嘆すべき年であるのは、彼らの土地からイスラム教とユダヤ教という主要な二つの敵を一掃することのできた、当時のキリスト教徒にとってでしかない。
第三に、キリスト教世界は本格的に国民形成の道に進む。一四九二年には、スペイン全土でカスティーリャ語の使用が開始される。アントニオ・デ・ネブリハ（一四四四―一五二二）が、一四九二年に印刷出版されたカスティーリャ語文法書をイサベル一世に献呈するのだ。ネブリハは、スペインの有名な文法学者で、活動した時代から人文主義者と呼ばれているが、実際にはアンダルシア出身で、サマランカ大学とボローニャ大学で学び、セビリア大司教に仕えた。出来事を祝う式典はつつましいものだったが、その影響力は大きかった。以下の文章は同時代の彼の同僚のものだが、ネブリハみずからがこれを書いても不思議ではなかっただろう。荒野の教父たちの伝記をカスティーリャ語に翻訳する際、このアラゴン人はこう書いて、言語と政治の関係をみごとに言いあらわしている。

王権は今日カスティーリャ王の手にあり、卓越せる我らが王たち女王たちは、カスティーリャ王国が国家の基盤にして本拠であることを欲せられたのであるから、私はこの本をカスティーリャ語で書くことにしたのである。なにより言語は力をともなうものであるのだから。[*1]

＊1　Bernard Vincent, *1492 « l'année admirable »*, Paris, Aubier, 1991, p. 78.

歴史のなかに時代という構造を生みだすいくつかの要因のなかから、言語的要因をもちだしているヴァンサンは正しい。[*1] ヨーロッパは一四九二年以降、民族と言語のヨーロッパになるのだ。

＊1　*Ibid.*, p. 72 *sq.*

この年が「感嘆すべき」日付である理由は、したがってバハマ諸島グアナハニ島（コロンブスによってあらたにサン・サルバドル島と名づけられる）の発見にとどまるものではまったくない。そしてこの発見が、ヴァンサンの選んだ第四の出来事である。しかし、これが歴史の新時代の元年であると言えるのか。

シェイクスピアは中世人である

イギリスの歴史家ヘレン・クーパーが、最近、シェイクスピア（一五六四―一六一六）は、いわゆるルネサンスを飛び越えた、中世の人間、作家であるという説を唱えている。[*1] クーパーはまず、「シェイクスピアの生きた世界は中世の世界だった」と言う。ストラトフォードおよびその近郊の町が建設されたのは中世のことだ。コヴェントリーがその町としての地位を築いたのは、ノルマン様式の大聖堂のおかげである。ウォリックは城のまわりに形づくられた。城と城壁をもつ中世初期の要塞であるオックスフォードは、十二世紀末以降、大学によってその名声を確立した。

＊1　Helen Cooper, *Shakespeare and the Medieval World*, Londres, Arden Corn panions to Shakespeare, 2010.

一五八五年から一五九〇年のあいだにシェイクスピアがロンドンに移住したとき、塔や教会のうえにそびえ立っていたゴシック様式のセント・ポール大聖堂は、一五六一年の火災で破壊されたあとだった。城壁の門から町に入ると、そびえ立っているのは、ロンドン塔の要塞と、征服王ウィリアムの建てた、ユリウス・カエサルのものともされる重厚な白い塔である。[21] 一五九八年刊行のジョン・ストウの『ロンドン地誌』に見られる描写によれば、街には瞑想にふける修道女があふれ、田舎の風景は市中にもまぎれこんでいる。街路で行われているゲームは、十二・十三世紀のものだ。学校や市場もほとんどが中世にできている。ストウのロンドンは当時の郷愁の街であり、シェイクスピアもまたこの郷愁を分かちもっていたにちがいない。発明されてまもない印刷機が、とくに世俗の人々に向けて、中世の文学作品を広めていた。たとえば、ジェフリー・チョーサー（一三四〇頃―一四〇〇）の著作、「ロビン・フッド」に代表されるバラッド、中世の英雄たちが登場する武勲詩などである。英語で印刷された最初の本は、一四八五年出版のトマス・マロリー『アーサー王の死』であった。

シェイクスピアは、そのキャリアのはじめには、古代文化に想を得た流行詩人になりたかったようである。しかしほどなく彼は演劇に専念した。それだけでなく、古代の演劇とはちがって、彼は完全な劇場、包括的劇場としての世界を構想する。そしてこのミニチュア世界のなかで、彼はまずイングランドの中世を語ろうとするのである。着想の源となったのは、中世の作家たちである。しばしば寓意が用いられ、王、羊飼い、気狂いという三つのタイプの人物が劇中で中心的位置を占めている。『夏の夜の夢』の妖精や『テンペスト』のエアリエルのような精霊たちといった、幻想的な存在も登場する。中世の死に対する感情の社会的表現は死の舞踏によってしめくくられるのだが、この主題は『シンベリン』で展開されている。結局ヘレン・クーパーによれば、シェイクスピアとはチョーサーの生まれ変わりである。そして舞台のうえで、同様の韻律法を用いて、十四世紀の偉大な詩人の中世を再演するのだ。

(21) ロンドン塔は、十一世紀後半にウィリアム一世が建造させた現存するホワイト・タワーを起源とする要塞。同じ場所にカエサルのブリタニア遠征の際の城があったと推定される。シェイクスピアの『リチャード三世』にこのことに触れた箇所がある。
王子「〔…〕あそこはシーザーが造ったというのは本当?」
バッキンガム〔公爵、ヘンリー・スタッフォード〕「さよう、最初はシーザーが。しかし、その後、代々手を加えられてまいりました」
王子「シーザーが造ったこと、ちゃんと記録に残っているのですか? それとも、代々の言いつたえなの?」
バッキンガム「いいえ、はっきり記録に残っております」
(福田恆存訳)

コロンブスの均質新世

二〇一一年、アメリカの作家チャールズ・C・マンの出版した一冊の本が、海の向こうでおおいに評判になった。[*1] そのサブタイトル「アメリカ発見は世界をどのように変えたか」だけを見ると、これは歴史書のように思われる。実際にはそれとはかけ離れた本で、ひとつの夢、幻覚のようなものなのだが。マンはまず、クリストファー・コロンブスの帰還以後の世界の変化を言い表すために、ひとつの新語を提唱する。コロンブスは一四九三年三月、彼にとっては新大陸ではなかった土地から、「金の装飾品、けばけばしい色のインコ、十人のインドの囚人」をもち帰った。「コロンブスは、生物学上の新時代、均質新世《ホモジェノシーン》を開いたのだ」と、マンは言う。この言葉には均質化《ホモジェナイゼーション》（「異質なものを寄せ集め、一様にすること」）の概念が含まれている。普段われわれが「グローバル化」と呼んでいるものの行き着く先はここである。この「グローバル化」という言葉も、人間のコミュニケーションが全地球化するという意味ではおそらく有効なのだろうが、実際の地球や人類の進化自体にはまったく対応していない。現代の地理学者たちは、反対に、地域や民族の多様化に力点をおいているように見えるのだ。

＊1 Charles C. Mann, *1493. Comment la découverte de L'Amérique a transformé le monde*, trad. Marina Boraso, Paris, Albin Michel, 2013.〔英語の原書は *1493: Uncovering the New World Columbus Created*, Knopf, 2011. 邦訳は、チャールズ・C・マン『一四九三――世界を変えた大陸間の「交換」』布施由紀子訳、紀伊國屋書店、二〇一六年〕

いっぽうからタバコをもういっぽうから病気を運ぶ大西洋航海を、あるいは、いっぽうから銀をもういっぽうから米を運ぶ太平洋航海を、マンは何度も、それも詩的に描いている。ヨーロッパは農産複合体として生産者の側におかれているが、石油に関しては消費者の側ということになる。しかし、これはルネサンスとも中世ともかけ離れた話だ。アフリカに関して言うなら、アメリカの発見はやはり新世界の誕生を意味しており、アフリカは以後何世紀にもわたって、大陸開発に必要な奴隷を供給するはめになる。最後にマンは、究極のグローバル化がフィリピン人たちのあいだで起こりつつあると結論している。夢はこうして、とりあえずしめくくられる。

君主制の存続

十八世紀半ばの長い中世の終わりと考えられる時期や、歴史の時代区分の問題が私の目にどう映るかという話に移るまえに、おそらく中世とルネサンスの連続性が見えてくるであろうひとつの例を挙げてみたい。近代国家の誕生にまつわる話である。西洋は、七世紀から十七世紀半ばまで、根本的な断絶なしに長い発展を続ける。それがもっとも驚くべき形で実現するのは、政治の分野においてである。たしかにその流れを断ち切る試みはフランス革命以前にも存在したが、それらは失敗に終わった。イングランドの政治は十七世紀に大きく動揺し、チャールズ一世が斬首刑に処されたり、ジェームズ二世が王位を追われたりした。それでも君主制はもちこたえたのである。ただひとつの重要な変化はネーデルラント連邦の独立で、この国家は、一五七九年に調印され一六〇九年に再確認されたユトレヒト同盟によって、西洋ではじめての共和国を形成するにいたった。

アメリカが発見され、金や銀などの貴金属がヨーロッパに大量にもたらされたことで、一挙に資本主義が生まれることはないにしても、貨幣経済の発展に拍車がかかった。にもかかわらず、近代国家の建設は遅々として進まない。君主制は徐々に新たな権力を手に入れるが、少しずつでしかなく、近代国家を特徴づけるような制度がつくられるにしてもまれである。[*1] ジャン＝フィリップ・ジュネは、このことを以下のように表現している。

＊1　ここで私がとくに参考にしているのは、一九八四年十月のローマでのシンポジウムをもとにつくられた以下の論文集である。*Culture et idéologie dans la genèse de l'État moderne*, Actes de la table ronde de Rome (15-17 octobre 1984), Rome: École Française de Rome, 1985. なかでも、ジャン＝フィリップ・ジュネ、ジャック・クリナン、ロジェ・シャルティエ、ミシェル・パストゥロー、ジャン＝ルイ・ビジェ、ジャン＝クロード・エルヴェ、イヴォン・テベールの論考が参考になった。

十二世紀には自律的な新しい分野が分離する。すなわち法の分野である。そして少しずつほかの分野も自律化する。読むことのできるそれなりの規模の読者層を前提とする文学の分野、それから医学の分野、さらに時代が下ると、科学や政治の分野である。別の言いかたをすると、国家の出現とともに、社会は世俗化し、進化する教養手段をしだいにひろく手にするようになる。そして神学がもっていた包括的分野の断片化が進行する。しかし、こうした教養分野の構成や発展を分析してみると、そこにはあらゆる水準に、国家の存在が見いだされるのである。

マイケル・クランシーもまた、文字を書く能力が時間をかけて習得されたという点を強調している。この能力は、十五世紀から十六世紀の変わり目ころ、女性たちにも広まった。[*1]

*1 M. T. Clanchy, *From Memory to Written Record*, Cambridge, Harvard University Press, 1979.

政治文書の点から見ると、ジャック・クリナンによれば、重要なのは一三〇〇年ころに書かれたものである。権威 *auctoritas*、公共の利益 *utilitas publica*、特権 *privilegium* といった中世の教会法の語彙は、近代の行政法の表現を先取りしているのだ。[*1] またミシェル・パストゥローは、国璽《こくじ》という重要な物体が、中世にも近代の初期においても、国家を象徴的にあらわしていることを再確認している。権力の運用に関して、そのもっともみごとな絵画的寓意が見られるのは、中世のさなかのことだ。すなわち、シエナ市庁舎にあるアンブロージョ・ロレンツェッティの二枚の大作『善政の効果』と『悪政の寓意』（一三三七―一三三八）である。[*2]

＊1　ロジェ・シャルティエが言うように、文明化の進展に関するノルベルト・エリアスの本は、すでに一九三九年の時点で、十三世紀から十八世紀を西洋における近代国家建設の時期として提示していた。

＊2　最近出版された以下の本を参照のこと。Patrick Boucheron, *Conjurer la peur. Sienne, 1338. Essai sur la force politique des images*, Paris, Seuil, 2013.

百合の表象は九世紀にも一時的に見られるが、十二世紀になると、シュジェールの指導のもと、カペー家の墓所であるサン＝ドニ大聖堂において、フランス王国の象徴として用いられるようになる。もっとも、ジャン＝ルイ・ビジェ、ジャン＝クロード・エルヴェ、イヴォン・テベールが示したように、「百合の花の物語」ができあがるのは十四世紀のことであり、それらが天上に起源をもつとの説は、一四〇〇年ころ伝説として完成する。この伝説が、フランス革命まで存続するのである。

十一・十二世紀以降、聖母マリア信仰が力をもつこともまたよく知られている。なお、「聖母の戴冠」という図像学的主題があらわれるのは十二世紀のことで、これは君主制の時代全体にわたって生きのこるであろう。

近代ははじまらない

周知のことだが、「ルネサンス」を自律的な時代としてとらえた者たちにとっての大きな根拠となったのは、「大航海時代」という考えかたである。この地理的大発見が商業の発展をうながしたことは言うまでもない。インド洋、アフリカ海岸、そしてアメリカを獲得したことによる規模の拡大が商業におよぼした影響については、すでに見たとおりである。しかし、西洋ではそれまで知られていなかった食料品がもたらされた（たとえば、トマトや茶が広まり、しばらくのちには、普及の速度もより遅かったが、コーヒーがあらわれる）にもかかわらず、食生活が大きく変化することはなかったという事実を思い出すべきだ。あいかわらずその基本は、穀物、パン、粥、肉であった。重要な出来事と言えば、オランダ東インド会社（一六〇二）とフランス東インド会社（コルベールにより一六六九年に組織され、ジョン・ローが一七一九年に再編する）が設立され、商品の国際取引が集中化されて発展したことである。しかしこれも、十三世紀の終わりにイタリアと北ヨーロッパの港のあいだの定期的な航海によって商取引が開始されたことに比べて、より決定的な重要性をもっているようには、私には思われない。

財政学の誕生は、文化の成熟とならんで、西洋が中世から脱出したことを示す重要な目印と考えられている。しかし、カルロ・チポラはその古典的著作のなかで、十八世紀の産業革命以前には経済は基本的に変化していないことを、的確かつみごとに証明している。ヨーロッパにおける生産性の水準は、十六世紀末にはその六〇〇年前に比べて顕著な伸びを示している。しかしそれは、いぜんとして「おそろしくabismally」低いのである。[*1]

＊1 Carlo Maria Cipolla, *Before the Industrial Revolution. European Society and Economy, 1000-1700*, New York, W. W. Norton, 1976. p. 126.

より一般的に言って、十七世紀になって進化が目に見えるものとなるまでのあいだ、アメリカ発見の結果生じた重要な変化といえば、貨幣経済の発展であった。豊富な貴金属が手に入り、中世に生まれた銀行業務が普及し複雑化したことで、資本主義がゆっくりと発達することになる。一六〇九年設立のアムステルダム銀行はその支えとなり、同時にアムステルダム証券取引所を発達させた。しかしながら、「資本主義」という言葉を使うのはまだ時期尚早であり、スコットランド生まれの経済学者アダム・スミスの『国富論』（一七七六）以前には、規模の面でも実践面でも、経済が中世のそれの域を越えたとは言いがたいのである。

ルネサンスをひとつの時代ととらえる者たちにとっては、宗教改革もまた大きな転機を示す出来事ということになる。それまで、ローマ教会によるキリスト教の独占にたたかいを挑むのは異端のみであったが、そんな独占状態に終止符が打たれたのだ。しかしながら、十六世紀の激しい宗教戦争にもかかわらず、キリスト教は十八世紀まで西洋人の信仰をほぼ完全に支配しつづけた。

それでもキリスト教は実践面で、そしてやがてはその信仰そのものも、徐々に衰えていくのだが、それは哲学や文学の分野にも根本的な変化をもたらした。ある程度宗教色を排したこの合理主義は、トマス・ホッブズ（一五八八―一六七九）やジョン・ロック（一六三二―一七〇四）を生んだイングランド、そしてとくに、『歴史批評辞典』（一六九五―一六九七）の作者であるピエール・ベール（一六四七―一七〇六）のいたフランスでさかんになった。ベールは、新興のネーデルラント連邦にあるロッテルダムで教師となった。居住者たちを教育する際、彼は、信教の自由、ペンによる表現の自由を認め、検閲からの保護を保証した。このとき、中世から別の時代への転換が起こっていたのだ。ルネサンスを越えて長い中世が継続しているにちがいないと私は考えたが、それにつづいてあらわれるこの新時代のきざしとみなされるのは、一七五一年にはじまる『百科全書』、あるいは科学と技術と職業に関する理論的総合事典』の出版である。ディドロ、ダランベール、ヴォルテール、モンテスキュー、ルソーらによって執筆が進められた『百科全書』は、理性と科学を、はっきりキリスト教教義の上位においていたのである。

中世とたもとを分ち、真に近代的であろうとする社会の精神状態を表すしるしのように、オノレ・ミラボー〔フランスの政治家〕が一七五七年、はじめて progrès という言葉を「進歩（文明が前進し、ますます栄えること）」という意味で使っている。[22] 西洋社会が姿をあらわし、フランス革命という一点に結実しようとしている。それが意味するのは、進化の勝利

（22）フランス語の progrès は、もともと「前進」「進展」「拡大」などを意味し、かならずしも肯定的な意味で使われるとはかぎらなかった。

だけではなく、また個人の勝利でもある。

これまでのまとめ

この試論のしめくくりとして、私がここで提示した長い中世の例を出発点に、適切な歴史の時代区分とはなにか、その定義を試みてみたい。

ここまでの話をまとめておこう。表だって議論されることはなかったものの、キリスト教暦の最初の数世紀のあいだに、ひとつの時代の過ぎ去ったことがはっきりした。この時代が正式に「古代」と呼ばれるようになるのは、ようやく一五八〇年のモンテーニュにおいてであるが、この表現が指すものはギリシア・ローマの古代に限られる。古代につくられ、アウグスティヌスが復活させて中世に伝えた時代区分、それが人生の六つの年代になぞらえた世界の六つの年代である。これにより、世界は老いており、第六の最終段階に至ったとの考えかたがもたらされた。

終わりへの歩みという強迫観念はしかし、いわゆる中世のあいだほとんどつねに、

「復活《レノヴァティオ》」という考えかたによって退けられる。この「復活」の観念は、時代によっては紛うことなき特徴となったため、現代の歴史家はこれらを「再生《ルネサンス》」とみなしている。とくに、シャルルマーニュの時代の「カロリング朝ルネサンス」と呼ばれるもの、そして、経済の分野（農業技術の進歩）でも思想の分野（サン＝ヴィクトル学派、アベラルドゥスの教育、やがて大学の教科書として使われることになるペトルス・ロンバルドゥス（一一〇〇—一一六〇）の『命題集』）でも、成長と革新の時代の典型である十二世紀ルネサンスである。「老人」とされる中世は、いたるところでたえず、現象や出来事の新しい性格をはっきりとあらわしている。たとえ進歩の観念がついに出現するのは、十八世紀半ばのことであるにしてもだ。十三世紀の最初の伝記作者チェラーノのトマスの手によるアッシジの聖フランチェスコ伝の最初のページには、neuf（新しい）という言葉が何度もあらわれていることを指摘しておこう。

ゆるやかでありながらはっきりとした進化が、十二世紀から十五世紀までの時代を特徴づけている。農業の分野では、鉄製の刃板や撥土板《はつど》をもつ犂《すき》によって技術が進歩し、牛に代わって馬が犂を引くようになり、三圃式輪作のおかげで収穫高が上がった。また、今であれば「産業の分野」というべき分野では、水車が増加して水力鋸などに応用され、十二世紀末には風車も登場した。宗教や学問の分野では、秘蹟が確立し、大学やスコラ学が発達した。こうした新しさは、古代ギリシア・ローマという、とくに文学や哲学の分野では典拠とみなされるような時代の美徳への回帰という旗印のもとに提示されるのが普通であった。だから現代の歴史家は、のちにこれらに「再生《ルネサンス》」の名を与えるのである。伝統的な意味での中世には、視線をうしろに向けながら前進するという精神があった。このことが、新たな時代区分の生まれる可能性を長いあいだ削ぐ結果につながったのである。

十四世紀にペトラルカが、それまでの世紀を闇に葬り、これを輝かしい古代とやがて訪れるという復活の時のあいだの、生彩を欠いたたんなる移行期とみなしたとき、ものの見かたが一変する。ペトラルカは、これらの世紀に「中間の時代《メディア・アエタス》」との名を与え、こうして中世が生まれた。いっぽう、十五・十六世紀の教養人や芸術家たちが築きあげた時代は、一八四〇年ミシュレによってはじめて名づけられるのであり、それはコレージュ・ド・フランスにおけるその年の第一講義でのことである。しかし、すでにミシュレ以前に、歴史の新たな時代区分が確立していた（もっとも、これが当てはまるのは西洋に対してだけだという点は強調する必要がある）。

歴史学そのものの発達、文学ジャンルとしての歴史から教育科目としての歴史への、気晴らしの読みものから知への変化が、これを可能にした。歴史のこのような変容は、大学やコレージュによってもたらされたものである。すでに述べたように、ドイツを別にすれば、歴史講座が大学に設けられ、コレージュの教育科目になるのは、おもに十八世紀末から十九世紀初頭以降のことである。そしてこの変化が完成するのは、おそらく一八二〇年のことだ。

ルネサンスを固有の時代とみなす者たちは、十五・十六世紀に起こったいくつかの出来事を決定的な目印と考えた。そのおもなものは以下のようである。一四九二年のクリストファー・コロンブスによるアメリカ発見。それまでひとつであったキリスト教が二つの信仰に分裂し、改革派のキリスト教と以後カトリックと呼ばれる伝統派のキリスト教とが生まれること。政治において、生まれつつある諸国民を統治するため、絶対王政が強化されること（一五七九年に成立したネーデルラント連邦共和国は、その重要な例外である）。経済・哲学・文学においては、教養人の一部が自由思想や不信仰のほうへと向かうこと。

財政においては、鋳貨用貴金属が大量にもたらされ、資本主義システムが発達し、一六〇九年のアムステルダム銀行設立によってこの動きが加速すること。

長い中世の終わり

私に言わせるなら、長い中世の終わりを示す時代の転換は、十八世紀の半ばにあると考える。この時期、農村経済が発達し、重農主義者たちがこの経済を重視して理論化する。蒸気機関が発明されるが、これはフランス人ドニ・パパンが一六八七年に想い描いていたものを、イギリス人ジェームズ・ワットが一七六九年に実現したものである。近代産業が誕生し、イギリスから大陸全体に広められる。哲学・宗教の分野では、キリスト教信仰に基づかない合理思想や近代の科学技術をもたらす書物によって、長い中世は終わりを告げる。すなわち、ヴォルテールやディドロをはじめとする輝かしい指導者たちが執筆を推進した、『百科全書』である。

そしてついに十八世紀の終わりには、政治の分野において、フランス革命という決定的な反君主制運動がまき起こる。オーストラリアの歴史家デヴィッド・ガリオッチは、この運動が十八世紀全体を通じて発達したものであることを示した。[*1] アントワーヌ・ド・ベックの言うように、この間に、「パリ社会全体の世界が一変した」のである。

＊1　David Garrioch, *The Making of Revolutionary Paris*, Berkeley, University of California Press, 2002, trad. Christophe Jaquet, *La Fabrique du Paris révolutionnaire*, Paris, La Découverte, 2013.

社会的・経済的・人口統計学的な新しい動向が見られ、ひとりひとりがその影響を被った。かつての共同体が解体され、信心会、修道会、同業組合、慣習法社会など、古くから支えとなってきたものとの絆が失われた。その結果、別の連帯が生まれ、宗教・政治・制度のなかに根本的な変化が生じた。[*1]

＊1　アントワーヌ・ド・ベックによる、ガリオッチの本の書評を参照。Antoine de Baecque, « Le Monde des livres », *Le Monde*, 10 mai 2013, p. 2.

ここにさらに加えるべきものとして、経済と財政の進化のあらわれである富者と貧者の格差の拡大、さらには読書、演劇、ゲーム、快楽、個人的成功への熱狂がある。この十八世紀半ばこそ、西洋が新たな時代に突入した日付だと言ってまちがいない。

ルネサンス――理性のめざめ？

歴史の時代区分という、歴史記述の分野で見られる重要な現象について結論の言葉を口にする前に、中世とルネサンスの関係を概観したうえで、これまで述べてきたことをまとめてみようと思う。そうすることで、本当のところ歴史の時代とはいかなるものなのかがはっきりするはずだ。

私はこの概観のために、『科学と生命の手帖』二〇一二年四月号の特集「ルネサンスの精髄　ヨーロッパがみずからを再創造する日」を参考にする。この特集は、「ルネサンスの精神」という導入ではじまっており、全体としては「ルネサンス」という言葉が意味する起源への回帰についてのさまざまな解釈を取りあげている。フィレンツェは新たな時代の中心におかれており、「理性のめざめ」がそのときもたらされるのだという。

しかしこの理性の分野で、ルネサンスは中世の延長にすぎない。そしてその中世はまた古代とも結びついている。中世神学がすべてそうではないにしても、少なくとも十二世紀以降のスコラ学は、つねに理性をよりどころにしているのだ。フィレンツェを時代の変化の中心におくことは、歴史の動きの誤った単純化であり、ルネサンスそのものを、政治家や芸術家の小さなグループのなかに閉じこめてしまうことになる。

特集はまたルネサンスを、人間を「再考」する態度に結びつけている。しかし、つねに人間主義に基づいて神学を考えるというこの思想上の決定的な変化は、中世にすでに起こったことである。人が「神に似せて」造られたという考えかたを重視した十二世紀ルネサンスも、聖トマス・アクィナスをはじめとする十三世紀のスコラ学全体も、彼らの真の主題は神の向こう側にいる人間であると考え、それを表明している。人間主義は長い発展の産物であり、そのはじまりは古代に求められる。(23)

(23) ここでいう人間主義 humanisme とは、一般的にはルネサンスの思想的特徴とみなされ、日本語では「人文主義」と訳されるもののことである。しかしル＝ゴフはこれを、中世にはすでに存在していた西洋の思想的伝統ととらえなおしているわけである。本書八五頁注(8)、一一五頁参照。

特集はさらに、ルネサンスとは「科学的方法の誕生」の時代であるとする。とくに重要なのは、合理性、数学の優先、方法的実験に訴えることである。合理性についての意見は、すでに述べた〔本書一〇二―一〇七頁〕。数学については、それが方法として出現したのが中世のことであるという事実を思い出していただきたい。エウクレイデス〔ユークリッド〕の注解やより正確な新訳がもたらされ、十三世紀初頭にはゼロが発見され、ピサのレオナルド〔レオナルド・フィボナッチ〕の決定的に重要な手引き書『算盤の書』が一二〇二年に出版され（一二二八年改訂）、さらには商業や銀行業の発達にともなう技術の進歩があった（たとえば十四世紀初頭の為替手形）のである。そして、なるほど新しいと言えるのは――だがこれも、十五・十六世紀に起こった、中世のルネサンスのひとつに含まれるのだ――、実験という方法が確立されることである。とくに、十六世紀には死体解剖がおこなわれるようになる。

『科学と生命の手帖』のこの号でとくに残念なのは、「ヨーロッパに多元主義が生じるのは十六世紀」とされていることである。中世初期以来、キリスト教世界は、教会が「異端」と呼ぶものをめぐる議論と訴訟に巻きこまれてきた。しかし「異端」というのは中世の教会の視点である。今日から見ればこれらの異端は、公式教義の独断とは一線を画する理論、思想、思考形態ということにならないだろうか。中世は、いたるところに多様性があふれている。たとえば、食生活にそれを見いだすこともできるだろう。とはいえ、十三世紀初頭にもっとも古い料理の手引きを書いたデンマーク人は、パリに学び、すでに輝かしい成功をおさめていたフランス料理から強い影響を受けていたのだが。

特集がルネサンスのもうひとつの特徴としてあげているのは、「イタリアから吹く新風」である。この見かたは、新時代の中心をフィレンツェに限定してしまうものよりは正しいと認められる。しかし中世初期以来、教皇制、コムーネ、大公国をもつイタリアは、他の地域に比べて独自性を保ち早熟でもある。これは、キリスト教ヨーロッパの変わらぬ姿なのだ。またいっぽうで、いわゆるドイツ・ルネサンスやフランス・ルネサンス（こちらはロワールの城の文化に限られるのが普通である）の重要性が強調されてもいる。

実際には、中世のあいだに、その長さと影響力はさまざまであるが、複数のルネサンスがあったのだ。城に注目してみれば、ルネサンスは中世にさかのぼり、十四世紀初頭に城塞が外に向かって華々しく開かれた居住空間へと変貌したことに端を発していることは、すでに見たとおりである。衣服についても同様の進化を見て取ることができた。それは中世初期のガウンから旧体制末期のひざ丈コートにまで続く進化だが、十九世紀に中産階級や労働者の衣装が登場するまで、このような衣装が完全に消滅することはないのである。

産業は、〈中世/ルネサンス〉の連続性と〈長い中世/近代〉の切断がもっともはっきりとあらわれる分野である。なるほどルネサンスには大規模な溶鉱炉が見られるようにもなるが、イギリスで工業が生まれ大陸に広まるためには、十八世紀の蒸気機関の発明を待たねばならない。周知のように、十五世紀半ばに誕生した印刷術は特別な重要性をもっていると考えられており、これは正しいのだが、読書をめぐる革命は中世に起こっている。中世のごく早い時期に巻物に代わって冊子本《コデックス》があらわれ、修道院の写字室《スクリプトリウム》ではなく外部のあるいは大学の書房で本が制作され、その書房では、十三世紀から写本が比較的容易なペキア〔分冊〕の技術が用いられ、ついには、羊皮紙ではなく紙が使われるようになる。紙は十二世紀にはスペインから、そしてとくに十三世紀の初頭にはイタリアから普及する。

私はすでに、資本主義が理論化され意識されるのはアダム・スミスの重要な本『国富論』によってであるという事実に注意を喚起した。クリストファー・コロンブスやヴァスコ・ダ・

ガマ以来の地理的発見も、ヨーロッパによる植民地化をうながすほどの定期的な貿易にはつながらず、それが実現するのは、一七五六年のイギリスによるインド征服によってである。航海術の分野では、本質的な革新は、十三世紀初頭に羅針盤や船尾舵が用いられたことである。

『科学と生命の手帖』の特集は、ルネサンスのうちに「進歩の発明」という側面を見ている。この言いかたは適当ではない。じっさい、古い中世観とは反対に中世が新しさや向上の意識を抱いていたのはすでに述べたとおりであり[*1]、またいっぽうで、「進歩 progrès」という言葉の近代的意味は十八世紀にならなければ出現しないのだ。十五・十六世紀の〈ルネサンス〉とは、私に言わせれば中世のルネサンスのうちの最後のものということになるのだが、そのひとつの特徴は、十八世紀後半にはじまる本当の近代を準備し予告するという点にある。この近代性のマニフェストとなるのは、それがカトリックであれ改革派であれ長いキリスト教の支配ののちにようやく実現する、『百科全書』の出版である。特集の編集者たちも、この近代の胚胎《はいたい》をたしかに感じとっている。最後の二つの章のタイトル、「コスモス　ゆすぶる革命」と「今日のグローバル化を予告する十六世紀の世界探検」が、それを物語っているのである。

＊1　Beryl Smalley, « Ecclesiastical Attitudes to Novelty, c. 1100-c. 1250 », in Derek Baker（dir.）, *Church Society and Politics, Studies in Church History*, vol. 12, Oxford, Basil Blackwell, 1975, p. 113-131.

歴史の「本当の」時代というものは普通は長いものであるという点を、今いちど強調すべきだろうか。時代は発展のうちにある。なぜなら、歴史は静止することはないからだ。この発展のさなかに、時代が再生《ルネサンス》をともなうことがある。それは、ときには輝かしい再生ともなりうる。それはしばしば過去に立脚したものとなる。その時々の人間が過去に魅了されるからだ。しかしこの過去が役に立つのは、新しい時代に向けた跳躍を可能にする遺産としてにほかならないのだ。

おわりに

もうおわかりであろう。今日の伝統的な歴史学が特別な時代としてあつかうルネサンスとは、私の目には長い中世に含まれる最後の小時代にほかならない。

西洋の伝統のなかで、歴史の時代区分がギリシア思想（ヘロドトス、前五世紀）や旧約聖書（ダニエル、前六世紀）を起源としていることはすでに見た。しかし時代区分が日常生活に入りこむのは、かなりたってからのことだ。十八・十九世紀に文学ジャンルとしての歴史が教育科目に変化したとき、時代区分は欠かせないものとなった。人類は、みずからの進化を包んでいる時間を支配したいという欲望、必要性を抱いている。時代区分はそれに応えるものなのだ。暦《こよみ》によって、人は日常生活の時間を支配することができた。時代区分は同じ目的に応じるものだが、長い持続を対象とする。さらにこの人間の発明品が、客観的現実に対応している必要があるだろうか。私はあるような気がする。もっとも、私の言う世界とは物質的な世界のことではない。ただ生活する人間のみを問題にしているのであり、それもとくに西洋の人間である。西洋人は、今日われわれの知識に照らしあわせれば、固有の特徴をもった自律的単位を構成している。その時代区分法はひとつである。

時代区分が正当化されるのは、歴史を科学たらしめるような要素によってである。歴史は、精密科学ではないにしても、原史料と呼ばれる客観的基盤に立脚した社会科学になりうるのだ。ところが、史料がわれわれに提示するものは、動きであり、変化である。社会の歴史は時間のなかを歩むと、マルク・ブロックは言っていた。歴史家は、時間を——みずからがその支配下にあるところの時間を——支配しなければならない。そして、時間は変化するものであるから、歴史家にとって時代区分は不可欠の道具となる。

フェルナン・ブローデルが導入し、以後歴史家たちに重視されるようになっている長期持続の概念によって、時代は消滅しないまでも、あいまいになると言われることがある。しかしこの対立は、私の目にはそう映らない。長期持続のなかには、時代を受けいれる余地がある。歴史は、知的であると同時に肉体的でもあるような生きた対象となりうる。そんな対象をあつかうためには、連続性と不連続性を組み合わせることが必要となるように思われる。

それこそが、長期持続と時代区分を結びつけることでもたらされるものなのだ。私はこの本では、時代の長さ、歴史の進展の速度の問題を素通りした。おそらくそれは近代以前には問題にならないからである。中世やルネサンスにとって、近現代にとってより重要なのは、むしろ時代の移り変わりが緩慢であることである。革命は、存在するとしてもほんのわずかである。フランソワ・フュレは、フランス革命はほぼ十九世紀全体をとおして続いたのだという話を好んでくり返していた。同様の理由から、ルネサンスを特別な時代ととらえる者たちを含む多くの歴史家が、「中世とルネサンス」という言いかたをしている。そしてもしこの定義によくあてはまる世紀がひとつあるとすれば――それこそがこの世紀の豊かさをつくりだしているのだろう――、それは十五世紀である。

私は、以下のように考えることで、現実に、歴史をあつかいやすく豊かな価値をもたらしてくれるものにする時代区分に、人は近づけるのだと思っている。長い時代には重要な転換期が含まれている。この転換は意味あるものだが、最重要ではない。これが小時代をつくりだすのであり、中世にとってはそれが「ルネサンス renaissance」と呼ばれるものだ。再生を意味するこの呼び名には、新しいものを感じさせる naissance（生）と、黄金時代への回帰の観念をあらわし、過去との類似関係をほのめかす接頭辞の re（再）を組み合わせようという気づかいが込められている。

したがって、歴史の時代区分を保つことは可能であり、私は保たなければいけないのだと思う。現在の歴史思想を貫いている二つの大きな潮流、長期持続の歴史とグローバル化（後者はおもにアメリカのワールドヒストリーから生まれている）[*1]は、どちらも時代区分の使用をさまたげるものではない。くりかえして言うが、計られない持続と計られる時間は共存している。時代区分は、限られた文明領域にしか適用することができない。グローバル化とは、そのあとにこれらのまとまりのあいだの関係を見つけることなのだ。

＊1　Patrick Manning, *Navigating World History. Historians create a Global Past*, New York, Palgrave Macmillan, 2003; Romain Bertrand, « Histoire globale, histoire connectée », in Chr. Delacroix, F. Dosse, P. Garcia et N. Offenstadt (dir.), *Historiographies. Concepts et débats I*, *op. cit.*, p. 366-377.

じっさい歴史家は、よくあることだが、グローバル化と画一化を混同してはならないのだ。グローバル化には二つの段階がある。まずは互いに知らない地域や文明のあいだにコミュニケーションが生じ、関係が確立される。つづいて、吸収され溶解していく現象が起こる。今日まで人類が体験したのは、このうちの第一段階のみである。

このように時代区分は、今日の歴史家の研究と考察がくりひろげられる重大な一分野になっている。時代区分のおかげで、人類がどんなふうに組織され進化していくのかが明らかになるのである。持続のなかで、時のなかで。

謝辞

本書は、多くのものをモーリス・オランデールに負っている。彼は「二十一世紀書店」というこのすぐれたコレクションの監修をみごとに務めただけではない。歴史家として、彼の情熱と知性と教養を注いで、私といっしょに考え、作り、本書の思想を擁護してくれたのである。

また、モーリス・オランデールの依頼を受けた、スイユ出版の有能で才能あふれる献身的なスタッフたちの、すばらしい助力を得ることもできた。とくに、スイユ出版人文科学部コーディネーターのセヴェリーヌ・ニケル、それにセシル・レー、マリー＝カロリーヌ・ソシエ、ソフィー・タルノーの各氏である。

親密な友人でもある何人かの歴史家たちと交わした議論や彼らの助言も、私にとって有益だった。とりわけ私の頭にあるのは、フランソワ・アルトーグ、ジャン＝クロード・シュミット、ジャン＝クロード・ボンヌ、それに社会科学高等研究院の西洋中世歴史人類学グループにおける彼らの共同研究者たちである。

クシシトフ・ポミアンとクリスティアーヌ・クラピッシュ＝ズュベールにも、たいへんお世話になった。

最後に、忠実な親友クリスティーヌ・ボンヌフォワのことも忘れないつもりだ。本書の執筆を実現するため、社会科学高等研究院で長いあいだ私の秘書を務めてくれた彼女に、実際的な手助けをお願いすることになった。

すべての方々に、心からお礼申し上げたい。

訳者あとがき

二十世紀のフランス中世史学を代表する歴史家ジャック・ル＝ゴフは、二〇一四年四月一日、九十歳でこの世を去った。本書は彼の生前に刊行された最後の著作である *Faut-il vraiment découper l'histoire en tranches ?* の全訳である。

ル＝ゴフが最後に取り組んだテーマは、「時代区分」である。もっとも、「はじめに」でも触れられているように、本書はじつは、長期持続に根ざした「長い中世」の記述という、ル＝ゴフが研究生活の初期から抱いていた問題意識の延長線上に結実したものにほかならない。アナール派第三世代の代表として精力的な活動を開始して間もない一九七七年に出版された第一論文集『もうひとつの中世のために』の序文に、ル＝ゴフははやくもこう書いていた。

われわれの歴史に――職業人として、また歴史の盛衰に生きる人間としてのわれわれにとって――ふさわしい長期持続、私が思うにそれは、紀元二世紀もしくは三世紀に始まり、十九世紀とわれわれの時代との間に起こった産業革命、しかも複数の産業革命を経てゆっくりとその生を終えた、長い中世である。この長い中世は、産業革命以前の社会の歴史である。〔…〕私にとってこの長い中世は、ルネサンス期の人文主義者たちや、稀有な例外を除いて啓蒙時代の人々が見た断絶とは正反対のものである。それは近代社会の創造の瞬間であり、その伝統的な農民文明というかたちでは死に瀕している、もしくはすでに死滅したものだが、われわれの社会構造と心的構造の本質を創りあげたという点で、依然として生きている文明が生まれた瞬間である。この文明は、都市、国民、国家、大学、水車と機械、一時間区分と懐中時計、書物、フォーク、下着、人格、自覚、そして最後に革命を生み出した。

（『もうひとつの中世のために――西洋における時間、労働、そして文化』加納修訳、白水社、二〇〇六年、一〇頁）

歴史の「不可欠の道具」（本書一八四頁）であるはずの時代区分が、ここではわれわれの邪魔をすることになる。「われわれの社会構造と心的構造の本質を創りあげた」長期持続を、それは寸断してしまうからだ。「ルネサンス期の人文主義者たち」「啓蒙時代の人々が見た断絶」――近代と中世を隔てる断絶、光と闇の対立である――は、いまもわれわれの歴史観を支配しており、その結果「長い中世」はわれわれの目には見えにくくなっている。

だとすればまず、そのような断絶が生まれた歴史をたどらなければならず、時代区分の意義を問いなおさなければならない。ル゠ゴフの二番目の論文集『中世の想像世界』（一九八五）の冒頭には、「長い中世のために」という論文が置かれているが、これは本書のいわばプロトタイプである。イタリアの人文主義者たちが「中間の時代」を生みだした背景には、現代性に対する特殊な意識のもちかたがあったと彼は言う。彼らのなかにはすでに「ある種の進歩思想や過去と格闘する姿勢」が根づいている。しかしながら、彼らにとって現代が価値をもつのは、規範としての古代を参照している限りにおいてなのだ。

この現代性を明確にしながら、しかしそれを真の古代――ギリシア、ローマの古代、そして忘れずに言うと聖書の古代である——への回帰として提示しながら、人文主義者たちは中世を創出する。それは、科学や芸術や文芸で輝きを放つ二つの華々しい時代のあいだに横たわる一種の暗いトンネルのようなものである。

(« Pour un autre Moyen Age », in *L'Imaginaire médiéval*, Gallimard, 1985, p. 7-8.)

こうして古代・中世・近代という三時代区分の下地が作られるのだが、それに明確な定義を与えるのは十七世紀の教養人たちである。さらに十八世紀に入ると、この時代区分が一般化するいっぽう、この啓蒙の世紀の空気のなかで、中世の「闇の時代」としてのイメージが定着してしまう。

なるほど、十九世紀は中世を復権させる。しかしこれは問題の根本的な解決にはなっていない。

ロマン主義は中世を「復権」させ、実証主義もこの時期を他と変わらぬものとし、進歩の中間段階に当たる時と見なしさえするのだが、それでも「中世 Moyen Âge」、「中世の médiéval」、「中世風 moyenâgeux」といった言葉は否定的なものとなる。今日の先進社会が中世に対してもっている複雑で曖昧な好みのなかには、いく世紀も前から存在する軽蔑の下地が見え隠れしている。中世とは未開であり、黒人美術のような魅力をたたえているが、野蛮であることに変わりはない。それは、起源への回帰という倒錯的な喜びを満たしてくれる対象である。

（« Pour un long Moyen Age », p. 8.）

「暗黒の」中世を「黄金の」中世におきかえたところで、未開と文明のコントラストに基づく三時代区分にとらわれていることに変わりはない。じじつ、中世を再評価した十九世紀はまた、「ルネサンス」の発明者でもあるのだ。しかし、一九八五年のル゠ゴフはまだこの最後の問題には踏みこんでいない。

時代区分によって長期持続の把握がさまたげられるという問題は、ある程度一般化しうるものである。たとえば日本の歴史においても、明治の文明開化や第二次大戦後の断絶を過大評価すれば、同じような弊害を生むことがありうるだろう。しかしながら、ル゠ゴフが取りあげる時代区分は、あくまで西洋という「固有の特徴をもった自律的単位」（本書一八四頁）にのみ当てはまるものであるという点にも注意を払う必要がある。それは、進歩が再生として意識されるという過去に対する両義的態度によって特徴づけられる、西洋キリスト教社会に特有の区分けなのである。したがって、時代区分はまた、歴史のグローバル化とも対立する。ル＝ゴフは本書冒頭ではやくもの点に触れている。

西洋の時代区分をさらに特殊なものにしているのは、その生成である。時代区分は、それ自体、長い歴史のなかでの西洋の自己省察から徐々に生み出されてきたものなのだ。したがって本書の前半部分は、その形成過程をていねいに跡づけていくことに費やされる。ル＝ゴフはまず、キリスト教の伝統のなかで時代区分のモデルとなっていると考えられる、ダニエルの四王国説とアウグスティヌスの六つの年代を紹介することからはじめる（「古い時代区分」）。どちらにも共通するのは、時は衰退へと向かっているという考えかた、そして来るべき時に託された希望である。キリスト教徒が「人間のうちに世界と人類を改革する天性を認め」（本書二三頁）ていたことと、のちに生まれるルネサンス思想とは無縁ではないとル＝ゴフは考える。つづいて、すでに「長い中世のために」において素描されていた、古代・中世・近代の三時代区分が一般化する十九世紀までの過程が語られる（「中世の出現」）が、それは歴史学が確立し歴史教育が普及していく道すじと重なりあう（「歴史、教育、時代」）。十九世紀はまた、この一連の流れに最後の重要な一頁をつけ加える。ミシュレが「ルネサンス」という歴史概念を創りだし、ブルクハルトが「イタリア・ルネサンス」を近代的個人を生んだ揺りかごとみなすのだ（「ルネサンスの誕生」）。さらにル＝ゴフは、今日のルネサンス観を代表するものとして、パウル・オスカー・クリステラー、エウジェニオ・ガレン、エルヴィン・パノフスキー、ジャン・ドリュモーのルネサンス論を概観する（「今日から見たルネサンス」）。

結局本書の中心課題は、「十九世紀以来人々が『ルネサンス』に与えようとした意味と、そのような『ルネサンス』が占める中心的役割とを再検討する」（本書八頁）ことにあるのであり、本書は広い意味でのルネサンス論のひとつであると言ってよい。しかし、ルネサンスという時代そのものより、むしろ時代区分という「行為」をあつかっており、後世のルネサンス観の再検討に大きな比重がおかれているという点で、これまであまり類を見ないルネサンス論であることもまたまちがいない。

最後の二章は、いわばル＝ゴフの側からの反論である。近代の特徴とされる、合理的思考、現代性の認識、人間主義の思想、美的感性は、じつは中世にその萌芽を認めることができる。中世は、断じて「闇の時代」などではないのだ（「中世は『闇の時代』か」）。そしてル＝ゴフは、ルネサンスを中世から切り離された近代の幕開けを告げる一時代とみなす、ひろく受け入れられている歴史観に異議を唱える（「長い中世」）。「大航海時代」の到来も、宗教改革も、絶対王政の強化も、自由思想や不信仰の出現も、資本主義システムの発達も、はっきりとした断絶を示す目印というほどの意味はもちえない。また、この問題に関連する本を最近出版した、フランコ・カルディニ、ベルナール・ヴァンサン、ヘレン・クーパー、チャールズ・C・マンの説が紹介される。このような再検討から浮かびあがってくるのは、むしろ「中世とルネサンスの連続性」である。「長い中世」の終わりがようやく見えてくるのは、十八世紀半ばのことにすぎない。

ル＝ゴフの最終的な結論は、比較的穏当なものだ。「歴史の時代区分を保つことは可能であり」、「保たなければいけない」（本書一八六頁）。必要なのは、「連続性と不連続性を組み合わせる」ことで、長期持続と時代区分を有機的に結びつけることである（一八五頁）。同様に、時代区分は歴史のグローバル化とも両立が可能である。「時代区分は、限られた文明領域にしか適用することができない。グローバル化とは、そのあとにこれらのまとまりのあいだの関係を見つけることなのだ」（一八六頁）。もっとも、時代と専門領域と文明を横断するそのような柔軟な思考を獲得することこそが、じつは歴史学にとって一番困難な課題なのかもしれない。

最後に、翻訳作業の進展をあたたかく見守ってくださった藤原書店店主の藤原良雄氏に、また編集担当の刈屋琢氏に、この場を借りてお礼申しあげたい。

二〇一六年六月

菅沼　潤

State University Press, 1975.

Waschek, M. (dir.), *Relire Burckhardt,* Cycle de conférences organisé au musée du Louvre, Paris, École nationale supérieure des beaux-arts, 1997.

Wittkower, R. et M., *Les Enfants de Saturne. Psychologie et comportement des artistes de l'Antiquité à la Révolution française,* trad. D. Arasse, Paris, Macula, 1985.

Zorzi, A., « La politique criminelle en Italie, XIIIe- XVIIe siècles », *Crime, histoire et sociétés,* vol.2, n° 2, 1988, p. 91-110.

Zumthor, P., « Le Moyen Âge de Victor Hugo », préface à V. Hugo, *Notre-Dame de Paris,* Paris, Le Club français du Livre, 1967.

——, *Parler du Moyen Âge,* Paris, Minuit, 1980.

Hambourg, Fischer Verlag, 1967; trad, ital., *Alle origini dell mondo moderno (1350-1550),* Milan, Feltrinelli, 1967.

Schild Bunim, M., *Space in Medieval Painting and the Forerunners of Perspective,* New York, 1940.

Schmidt, R., « Aetates Mundi. Die Weltalter als Gliederungsprinzip der Geschichte », *Zeitschrift für Kirchengeschichte,* 67, 1955-1956, p. 288-317.

Schmitt, J.-Cl., « L'imaginaire du temps dans l'histoire chrétienne », in *PRIS-MA,* t. XXV/1 et 2, n° 49-50, 2009, p. 135-159.

Simoncini, G., « La persistenza del gotico dopo il medioevo. Periodizzazione ed orientamenti figurativi », in G. Simoncini (dir.), *La tradizione medievale nell'architettura italiana,* Florence, Olschki, 1992, p. 1-24.

Singer, S., « Karolingische Renaissance », *Germanisch- Romanische Monatsschrift,* XIII 1925, p.187 *sq.*

Tallon, A., *L'Europe de la Renaissance,* Paris, PUF, « Que sais-je ? », 2006.

Taviani, P. E., *Cristoforo Colombo. La Genesi della granda scoperta,* 2 vol., Navara, De Agostini, 1974.

Toubert, P. et Zink, M. (dir.), *Moyen Âge et Renaissance au Collège de France,* Paris, Fayard, 2009.

Ullmann, W., *Medieval Foundations of Renaissance Humanism,* Ithaca-New York, Cornell University Press, 1977.

——, « The Medieval Origins of the Renaissance », in A. Chastel (dir.), *The Renaissance. Essays in Interpretation,* Londres-NewYork, Methuen, 1982, p. 33-82.

Valéry, R. et Dumoulin, O. (dir.), *Périodes. La construction du temps historique. Actes du Ve colloque d'Histoire au présent,* Paris, Éd. de l'EHESS, 1991.

Vincent, B., *1492 « l'année admirable »,* Paris, Aubier, 1991.

J. Voss, *Das Mittelalter im historischen Denken Frankreichs. Untersuchungen zur Geschichte des Mittelalterbegriffs und der Mittelalterbewertung von der zweiten Hälfte des 16. bis zur Mitte des 19. Jahrhunderts,* Munich, Fink, 1972.

Ward, P. A., *The Medievalism of Victor Hugo,* University Park, Pennsylvania

CXIV, 1996, p. 203-224.

Nitze, W. A., « The So-Called Twelfth Century Renaissance », *Speculum,* vol. 23, 1948, p. 464- 471.

Nolhac, P. de, *Pétrarque et l'humanisme,* 2e éd., Paris, Champion, 1907.

Nora, P., *Les Lieux de mémoire,* 3 vol., Paris, Gallimard, « Bibliothèque illustrée des histoires », 1984-1992.〔ピエール・ノラ編『記憶の場――フランス国民意識の文化=社会史』全三巻、谷川稔監訳、岩波書店、2002-2003 年〕

Nordström, J., *Moyen Âge et Renaissance,* Paris, Stock, 1933.

Panofsky, E., *Renaissance and Renascences in Western Art* ; trad. L Verrón, *La Renaissance et ses avant- courriers dans l'art d'Occident,* Paris, Flammarion, 1976.〔パノフスキー『ルネサンスの春』新装版、中森義宗・清水忠訳、新思索社、2006 年〕

Patzelt, E., *Die Karolingische Renaissance,* Vienne, Österreichischer Schulbücherverlag, 1924.

« Périodisation en histoire des sciences et de la philosophie », *Revue de synthèse,* numéro spécial 3-4, Paris, Albin Michel, 1987.

Pomian, K., *L'Ordre du temps,* Paris, Gallimard, 1984.

Poulet, G., *Études sur le temps humain,* t. I, Paris, Plon, 1949.〔ジョルジュ・プーレ『人間的時間の研究』井上究一郎他訳、筑摩叢書、1969 年〕

Poussou, J.-P. (dir.), *La Renaissance, des années 1470 aux années 1560. Enjeux historiographiques, méthodologie, bibliographie commentée,* Paris, Armand Colin, 2002.

Renaudet, A., « Autour d'une définition de l'humanisme », *Bibliothèque d'Humanisme et Renaissance,* t. VI, 1945, p. 7-49.

Renucci, P., *L'Aventure de l'humanisme européen au Moyen Âge, IVe-XIVe siècles,* Paris, Les Belles Lettres, 1953.

Ribémont, B. (dir.), *Le Temps, sa mesure et sa perception au Moyen Âge. Actes de colloque, Orléans, 12-13 avril 1991,* Caen, Paradigme, 1992.

Ricœur, P., *Temps et récit,* t. I, *L'Intrigue et le récit historique,* Paris, Seuil, 1983.〔ポール・リクール『時間と物語〈1〉物語と時間性の循環/歴史と物語』新装版、久米博訳、新曜社、2004 年〕

Romano, R. et Tenenti, A., *Die Grundlegung der modernen Welt,* Francfort-

de l'Occident médiéval, Paris, Fayard, 1999.
——, *Un long Moyen Age,* Paris, Tallandier, 2004 ; rééd., Hachette, « Pluriel », 2010.
—— et Nora, P. (dir.), *Faire de l'histoire,* 3 vol., Paris, Gallimard, 1974 ; « Folio Histoire », n° 188, 2011.
Le Pogam, P.-Y. et Bodéré-Clergeau, A., *Le Temps à l'œuvre,* catalogue de l'exposition présentée au musée du Louvre à Lens (déc. 2012-oct. 2013), Tourcoing-Lens, Éd. Invenit-Louvre-Lens, 2012.
Le Roy Ladurie, E., « Un concept : l'unification microbienne du monde (XIVe-XVIIe siècles) », *Revue suisse d'histoire,* n° 4, 1973, p. 627-694.
—— (dir.), *Histoire de la France rurale,* t. II, Paris, Seuil, 1975.
Liebeschütz, H., « Medieval Humanism in the Life and Writings of John of Salisbury », *Studies of the Warburg Institute,* XVII, Londres, 1950.
Lopez, R. S., « Still Another Renaissance », *American Historical Review,* vol. LVII, 1951, p. 1-21.
Mahn-Lot, M., *Portrait historique de Christophe Colomb,* Paris, Seuil, 1960, rééd. « Points Histoire », 1988.
Maire Vigueur, J.-Cl. (dir.), *D'une ville à l'autre. Structures matérielles et organisation de l'espace dans les villes européennes, XIIIe-XVIe siècles,* Rome, École française de Rome, 1989.
Marrou, H.-I., *L'Ambivalence du temps de l'histoire chez Saint Augustin,* Montréal-Paris, Institut d'études médiévales, Vrin, 1950.
Méhu, D., *Gratia Dei. Les chemins du Moyen Âge,* Montréal, FIDES, « Biblio-Fides », 2013.
Melis, F., *Imercanti italiani nell'Europa medievale e rinascimentale,* L. Frangioni (sous la dir.), Grassina, Bagno a Ripoli, Le Monnier, 1990.
Meyer, J., *Histoire du sucre,* Paris, Desjonquères, 1989.
Meyer, M., *Qu'est-ce que l'histoire ? Progrès ou déclin ?,* Paris, PUF, 2013.
Milo, D. S., *Trahir le temps,* Paris, Les Belles Lettres, 1991.
Mollat, M., « Y a-t-il une économie de la Renaissance ? », in *Actes du colloque sur la Renaissance,* Paris, Vrin, 1958, p. 37-54.
Mommsen, Th. E., « Petrarch's Conception of the Dark Ages », *Speculum,* vol. 17, 1942, p. 126-142.
Moos, P. von, « Muratori et les origines du médiévisme italien », *Romania,*

訳、みすず書房、2007年〕
Hauser, H., *La Modernité du XVIe siècle,* Paris, Alcan, 1939.
Heer, F., « Die Renaissance Ideologie im frühen Mittelalter », *Mitteilungen des Instituts für Österreichische Geschichtsforschung,* LVII, 1949, p. 23 *sq.*
Huizinga, J., *L'Automne du Moyen Âge* (1919), trad. J. Bastin, préface de J. Le Goff, Paris, Payot, 1975; précédé d'un entretien entre J. Le Goff et Cl. Mettra, Paris, Payot, 2002.〔ホイジンガ『中世の秋』全二巻、堀越孝一訳、中公クラシックス、2001年〕
Jacquart, J., « L'âge classique des paysans, 1340- 1789 », in E. Le Roy Ladurie (dir.), *Histoire de la France rurale,* t. II, Paris, Seuil, 1975.
Jones, Ph., *The Italian City-State : from Commune to Sinovia,* Oxford-New York, Clarendon Press, 1997.
Jouanna, A., Hamon, R, Biloghi, D. et Le Thiec, *G., La France de la Renaissance. Histoire et dictionnaire,* Paris, Robert Laffont, 2001.
Kristeller, P. O., *Renaissance Philosophy and the Medieval Tradition,* Pennsylvanie, Latrobe, 1966.
——, *Medieval Aspects of Renaissance Learning: Three Essays,* Durham, Duke University Press, 1974.
——, *Studies in Renaissance Thought and Letters,* Rome, Ed. di Storia e Letteratura, 3 vol., 1956-1993.
« L'Ancien et le Nouveau », *Le Genre humain,* n° 27, Paris, Seuil, 1993.
La Roncière, M. de, et Mollat du Jourdin, M., *Les Portulans. Cartes maritimes du XIIIe au XVIIe siècle,* Paris, Nathan, 1984.
Leduc, J., *Les Historiens et le temps,* Paris, Seuil, 1999.
——, « Période, périodisation », in Chr. Delacroix, Fr. Dosse, P. Garcia et N. OfFenstadt (dir.), *Historiographies. Concepts et débats,* t. II, Paris, Gallimard, « Folio Histoire », 2010, p. 830-838.
Le Goff, J., « Le Moyen Âge de Michelet », in *Pour un autre Moyen Âge,* Paris, Gallimard, 1977, p. 19-45.〔ジャック・ル・ゴフ「ミシュレの中世たち」、『もうひとつの中世のために――西洋における時間、労働、そして文化』所収、加納修訳、白水社、2006年、18-49頁〕
——, « Temps », in J. Le Goff et J.-Cl. Schmitt (dir.), *Dictionnaire raisonné*

Fernand Braudel et l'histoire, présenté par J. Revel, Paris, Hachette Littératures, « Pluriel », n° 962, 1999.

Fumaroli, M., « Aux origines de la connaissance historique du Moyen Âge: Humanisme, Réforme et Gallicanisme au XVIe siècle », *XVIIe siècle*, 114/115, 1977, p. 5-30.

Garin, E., *Moyen Âge et Renaissance*, trad. C. Carme, Paris, Gallimard, 1969.

——, *L'Éducation de l'homme moderne. La pédagogie de la Renaissance, 1400-1600*, trad. J. Humbert, Paris, Hachette Littératures, 2003.〔エウジェニオ・ガレン『ルネサンスの教育——人間と学芸との革新』近藤恒一訳、知泉書館、2002 年〕

——, *L'Humanisme italien*, trad. S. grippa et M. A. Limoni, Paris, Albin Michel, 2005.〔エウジェニオ・ガレン『イタリアのヒューマニズム』再版、清水純一訳、創文社、1981 年〕

Gossman, L., *Medievalism and the Ideology of the Enlightenment. The World and Work of La Curne de Sainte Palaye*, Baltimore, Johns Hopkins University Press, 1968.

Greenblatt, S., *Renaissance Self-Fashioning. From More to Shakespeare*, Chicago-Londres, The University of Chicago Press, 1980.

Guichemerre, R., « Limage du Moyen Âge chez les écrivains français du XVIIe siècle », in *Moyen Âge. Hier et aujourd'hui*, Amiens-Paris, université de Picardie-PUF, 1990, p. 189-210.

Guitton, J., *Le Temps et l'éternité chez Plotin et Saint Augustin*, Paris, Vrin, 1971.

Hale, R. G., *La Civilisation de l'Europe à la Renaissance*, trad. R. Guyonnet, Paris, Perrin, 1998.

Hartog, F., *Régimes d'historicité. Présentisme et expériences du temps*, Paris, Seuil, 2003.〔フランソワ・アルトーグ『「歴史」の体制——現在主義と時間経験』伊藤綾訳、藤原書店、2008 年〕

——, *Croire en l'histoire. Essai sur le concept moderne d'histoire*, Paris, Flammarion, 2013.

Haskins, Ch. H., *The Renaissance of the Twelfth Century*, Cambridge (Mass.), Harvard University Press, 1927.〔チャールズ・H・ハスキンズ『十二世紀ルネサンス』新装版、別宮貞徳・朝倉文市

——, *Une histoire de la Renaissance,* Paris, Perrin, 1999.

—— et Lightbown, R., *La Renaissance,* Paris, Seuil, 1996.

Demurger, A., *Temps de crises, temps d'espoirs, XIVe-XVe siècles,* Paris, Seuil, « Points », 1990.

Didi-Huberman, G., *Devant le temps. Histoire de l'art et anachronisme des images,* Paris, Minuit, « Critique », 2000.〔ジョルジュ・ディディ＝ユベルマン『時間の前で——美術史とイメージのアナクロニズム』叢書ウニベルシタス、小野康男・三小田祥久訳、法政大学出版局、2012 年〕

Dunn-Lardeau, B. (dir.), *Entre la lumière et les ténèbres. Aspects du Moyen Âge et de la Renaissance dans la culture des XIXe et XXe siècles,* actes du congrès de Montréal, 1995, Paris, Honoré Campion, 1999.

Eco, U., « Dieci modi di sognare il medio evo », in *Sugli specchi e altri saggi,* Milan, Bompiani, 1985, p. 78-89.

——, *Scritti sul pensiero medievale,* Milan, Bompiani, 2012.

Edelmann, N., *Attitudes of Seventeenth Century France toward The Middle Age,* New York, Kings Crown Press, 1946.

Elias, N., *Uber den Prozess der Zivilisation*, Bâle, 1939, t. I : *La Civilisation des mœurs* ; t. II : *La Dynamique de l'Occident*, trad. P. Kamnitzer, Paris, Calmann-Lévy, 1973 et 1975.〔ノルベルト・エリアス『文明化の過程』改装版、上下二巻、叢書ウニベルシタス、法政大学出版局、2010 年（赤井慧爾・中村元保・吉田正勝訳『ヨーロッパ上流階層の風俗の変遷』; 波田節夫他訳『社会の変遷・文明化の理論のための見取図』)〕

Epstein, S. A., *Genoa and the Genoese, 958-1528,* Chapell Hill-Londres, University of North Carolina Press, 1996.

Falco, G., *La polemica sul Medio Evo,* Turin, 1933.

Febvre, L., « Comment Jules Michelet inventa la Renaissance », *Le Genre humain*, n° 27, « L'Ancien et le Nouveau », Paris, Seuil, 1993, p. 77-87.

Ferguson, W. K., *The Renaissance in Historical Thought : five Centuries of Interpretation*, Boston, Houghton Mifflin Co., 1948 ; *La Renaissance dans la pensée historique*, trad. J. Marty, Lausanne, Payot, 1950, nlle éd. 2009.

1956.
Chaunu, P., *Colomb ou la logique de l'imprévisible,* Paris, François Bourin, 1993.
Clark, K., *The Gothic Revival. A Study in the History of Taste,* Londres, Constable & co, 1928.〔ケネス・クラーク『ゴシック・リヴァイヴァル』近藤存志訳、白水社、2005 年〕
Cloulas, I., *Charles VIII et le mirage italien,* Paris, Albin Michel, 1986.
Cochrane, E., *Historians and Historiography in the Italian Renaissance,* Chicago, University of Chicago Press, 1981.
Connell, W. J., *Society and Individual in Renaissance Florence,* Berkeley, University of California Press, 2002.
Contamine, Ph. (dir.), *Guerres et concurrence entre les États européens du XIVe au XVIIIe siècle,* Paris, PUF, 1998.
Conti, A., « devoluzione dell'artista », in *Storia dell'arte italiana,* t. I: *Materiali e Problemi,* vol.2: *L'Artista et il pubblico,* Turin, Einaudi, 1980, p. 117- 264.
Corbellanti, A. et Lucken, Chr. (dir.), « Lire le Moyen Âge ? », numéro spécial de la revue *Équinoxe,* 16, automne 1996.
Cosenza, M. E., *Biographical and Bibliographical Dictionary of the Italian Humanists and of the World of Scholarship in Italy, 1300-1800,* 5 vol., Boston, G. K. Hall, 1962.
Crouzet-Pavan, E., *Renaissances italiennes, 1380-1500,* Paris, Albin Michel, 2007.
—— (dir.), *Les Grands Chantiers dans Italie communale et seigneuriale,* Rome, École française de Rome, 2003.
Cullmann, O., *Christ et le Temps,* Neuchâtel-Paris, Delachaux et Niestlé, 1947.
Daussy, H., Gilli, P. et Nassiet, M., *La Renaissance, vers 1470-vers 1560,* Paris, Belin, 2003.
Delacroix, Chr., Dosse, Fr., Garcia, P. et Offenstadt, N., *Historiographies. Concepts et débats,* 2 vol., Paris, Gallimard, « Folio Histoire », 2010.
Delumeau, J., *La Peur en Occident, XVIe-XVIIIe siècles,* Paris, Fayard, 1978.〔ジャン・ドリュモー『恐怖心の歴史』永見文雄・西澤文昭訳、新評論、1997 年〕

Values in the Age of Counter Reformation, Berkeley-Los Angeles, University of California Press, 1968.

Branca, V. (dir.), *Concetto, storia, miti e immagini del Medio Evo,* Florence, Sansoni, 1973.

Braudel, F., *Civilisation matérielle et capitalisme, XVe-XVIIIe siècles,* Paris, Armand Colin, 1967.〔フェルナン・ブローデル『日常性の構造』村上光彦訳、『物質文明・経済・資本主義　15-18 世紀』1-1、1-2、みすず書房、1985 年;本書 139 頁訳注 (18) を参照のこと〕

——, « Histoire et sciences sociales. La longue durée », *Annales ESC,* 13-4, 1958, p. 725-753 ; repris *dans Écrits sur l'histoire,* Paris, Flammarion, 1969, p. 41-83.

Brioist, P., *La Renaissance, 1470-1570,* Paris, Atlante, 2003.

Brown, J. C., « Prosperity or Hard Times in Renaissance Italy ? », in *Recent Trends in Renaissance Studies : Economic History,* in *Renaissance Quarterly,* XLII, 1989.

Burckhardt, J., *La Civilisation de la Renaissance en Italie, 1860-1919,* trad. H. Schmitt, revue et corrigée par R. Klein, préface de Robert Kopp, Paris, Bartillat, 2012.〔ヤーコプ・ブルクハルト『イタリア・ルネサンスの文化』新井靖一訳、筑摩書房、2007 年〕

Burke, P., *La Renaissance européenne,* Paris, Seuil, 2000.

——, *The Renaissance Sense of the Past,* Londres, Edward Arnold, 1969.

Campbell, M., *Portraits de la Renaissance. La Peinture des portraits en Europe aux XIVe, XVe et xvf siècles,* trad. Dominique Le Bourg, Paris, Hazan, 1991.

Cardini, F., *Europa 1492. Ritratto di un continente cinquecento anni fa,* Florence, Rizzoli, 2000 ; *1492, l'Europe au temps de la découverte de l'Amérique,* trad, et adapt, de Michel Beauvais, Paris, Solar, 1990.

Castelfranchi Vegas, L., *Italie et Flandres. Primitifs flamands et Renaissance italienne,* Paris, L'Aventurine, 1995.

Chaix, G., *La Renaissance des années 1470 aux années 1560,* Paris, Sedes, 2002.

Chaix-Ruy, J., « Le problème du temps dans les *Confessions* et dans la *Cite de Dieu* », *Giornale di Metafisica,* 6, 1954.

——, « Saint Augustin, Temps et Histoire », *Les Études augustiniennes,*

参考文献一覧

Alliez, E., *Les Temps capitaux,* t. I: *Récits de la conquête du temps,* Paris, Le Cerf, 1991.

Altavista, C., *Lucca e Paolo Guinigi (1400-1430): la costruzione di une corte rinascimentale. Città, architettura, arte,* Pise, 2005.

Amalvi, Chr., *De l'art et la manière d'accommoder les héros de l'histoire de France. Essais de mythologie nationale,* Paris, Albin Michel, 1988.

Angenendt, A., *Heiligen und Reliquien. Die Geschichte ihres Kultes vom frühen Christentum bis zum Gegenwort,* Munich, 1994.

Aubert, M., « Le Romantisme et le Moyen Âge », in *Le Romantisme et l'Art,* 1928, p. 23-48.

Autrand, M. (dir.), « Limage du Moyen Âge dans la littérature française de la Renaissance au XXe siècle », 2 vol., *La Licorne,* n° 6, 1982.

Aymard, M., « La transizione dal feudalismo al capitalismo », in *Storia d'Italia, Annali,* t. I: *Dal feudalismo al capitalismo,* Turin, 1978, p.1132-1192.

Baschet, J., *La Civilisation féodale. De l'An Mil à la colonisation de l'Amérique*, Paris, Aubier, 2004.

Bec, Chr., *Florence, 1300-1600. Histoire et culture,* Nancy, Presses universitaires de Nancy, 1986.

——, Cloulas, I., Jestaz, B. et Tenenti, A., *L'Italie de la Renaissance. Un monde en mutation, 1378-1494,* Paris, Fayard, 1990.

Below, G. von, *Über Historische Periodisierungen mit besonderem Blick auf die Grenze zwischen Mittelalter und Neuzeit,* Berlin, 1925.

Berlinger, R., « Le temps et l'homme chez Saint Augustin », *L'Année théologique augustinienne,* 1953.

Boucheron, P. (dir.), *Histoire du monde au XVe siècle,* Paris, Fayard, 2009.

——, *L'Entretemps. Conversations sur l'histoire*, Lagrasse, Verdier, 2012.

—— et Delalande, N., *Pour une histoire-monde,* Paris, PUF, « La vie des idées », 2013.

Bouwsma, J., *Venice and the defense of Republican Liberty: Renaissances*

ヤ　行

ラ・ワ　行

マ　行

タ 行

ナ 行

ハ 行

人名索引

本文・原注・訳注から実在の人名を採り，姓・
名の五十音順で配列した。

ア　行

著者紹介

ジャック・ル＝ゴフ（Jacques Le Goff, 1924-2014）

中世史家、『アナール』編集委員。

南仏のトゥーロン生まれ。青年時代を第二次大戦の戦火の中で過ごしたのち、高等師範学校に進学。在学中、プラハのカレル大学に留学。1950年、高等教育教授資格試験に合格。このときブローデルやモーリス・ロンバールが審査委員を務め、これがアナール派の歴史家たちに出会う最初の機会となる。以後、ソルボンヌのシャルル＝エドモン・ペランの指導下で博士論文を準備するかたわら、アミアンのリセ、国立科学研究所、リール大学文学部にポストを得、またこの間、オックスフォード大学リンカーン・カレッジ、ローマ・フランス学院へ留学した。

1959年、アナール派が中心となって組織される高等研究院第六部門に入り、以後、フェーヴル、ブロック、ブローデルらのあとを受け、アナール派第三世代のリーダーとして活躍。1969年、ブローデルのあとを受けて、エマニュエル・ル＝ロワ＝ラデュリ、マルク・フェローとともに『アナール』誌の編集責任者となる。1972年、ブローデルの後任として第六部門部長となり、1975年には高等研究院第六部門の社会科学高等研究院としての独立に尽力。さらに1978年、同研究院に西洋中世歴史人類学研究グループを立ち上げ、1992年の退官までその代表の職を務めた。

邦訳著書に『煉獄の誕生』（法政大学出版局）『中世の夢』（名古屋大学出版会）『ル・ゴフ自伝』（法政大学出版局）『聖王ルイ』（新評論）『中世とは何か』『中世の身体』『ヨーロッパは中世に誕生したのか？』『中世と貨幣』（藤原書店）など。

訳者紹介

菅沼 潤（すがぬま・じゅん）
1965 年東京都生まれ。フランス近代文学専攻。訳書にル゠ゴフ『中世とは何か』『中世の身体』（以上共訳）『ヨーロッパは中世に誕生したのか？』（藤原書店）、発表仏語論文に「1902 年秋、ブリュージュにおけるプルースト」（慶應仏文学研究室紀要）など。

時代区分《じだいくぶん》は本当《ほんとう》に必要《ひつよう》か？——連続性《れんぞくせい》と不連続性《ふれんぞくせい》を再考《さいこう》する

2016年8月10日　初版第 1 刷発行©

訳　者　菅　沼　　潤
発行者　藤　原　良　雄
発行所　株式会社　藤　原　書　店

〒 162-0041　東京都新宿区早稲田鶴巻町 523
電　話　03（5272）0301
ＦＡＸ　03（5272）0450
振　替　00160 - 4 - 17013
info@fujiwara-shoten.co.jp

印刷・製本　中央精版印刷

落丁本・乱丁本はお取替えいたします
定価はカバーに表示してあります

Printed in Japan
ISBN978-4-86578-079-6

明(豊田堯)／日本近代史についての異端的覚書(河野健二)／貴族社会における「若者たち」(G・デュビー)／精神分析と歴史学(G・ドゥヴルー)／18世紀におけるイギリスとフランス(F・クルーゼ)／女神の排泄物と農耕の起源(吉田敦彦)／デモクラシーの社会学のために(C・ルフォール)／イングランドの農村蜂起、1795–1850年(E・ホブズボーム)／黒い狩猟者とアテナイ青年軍事教練の起源(P・ヴィダル＝ナケ)
528頁　8800円（第3回配本／2013年12月刊）◇978-4-89434-949-0

第Ⅳ巻　1969–1979　編集・序文＝エマニュエル・ル＝ロワ＝ラデュリ

地理的血液学により慣習史に開かれた道(M・ボルドー)／中世初期のペスト(J・ル＝ゴフ＆J－N・ビラベン)／飢饉による無月経(17–20世紀)(E・ル＝ロワ＝ラデュリ)／革命の公教要理(F・フュレ)／母と開墾者としてのメリュジーヌ(J・ル＝ゴフ＆E・ル＝ロワ＝ラデュリ)／キケロから大プリニウスまでのローマにおける価格の変動と「貨幣数量説」(C・ニコレ)／粉々になった家族(M・ボーラン)／マルサスからマックス・ウェーバーへ(A・ビュルギエール)／18世紀半ばのフランスの道路の大きな変化(G・アルベッロ)／近代化のプロセスとイギリスにおける産業革命(E・A・リグリィ)／18世紀半ばのガレー船漕役囚の集団(A・ジスベルグ)／アンシアン・レジーム下のフランスの産業の成長(T・J・マルコヴィッチ)
464頁　8800円（第4回配本／2015年6月刊）◇978-4-86578-030-7

〈以下、続刊〉

第Ⅴ巻　1980–2010　編集・序文＝ジャン＝イヴ・グルニエ

マレー半島における時空の概念(D・ロンバール)／アンシアン・レジーム下の政治と世論(K・M・バーカー)／工場労働者の空間と社会的経歴(M・グリバウディ)／政治と社会(Ph・ビュラン)／表象としての世界(R・シャルチエ)／沈黙、否認、でっちあげ(L・ヴァランシ)／時間と歴史(F・アルトーグ)／イマーゴの文化(J－C・シュミット)／共和国理念と国家の過去についての解釈(M・オズーフ)／身体、場所、国民(J・ホーン)／世界と国民の間(R・ビン・ウォン)／中国における正義の意味(ユア・リンシャン＆I・ティロー)／自然の人類学(Ph・デスコラ)／指揮者(E・ブック)

日本に「アナール」を初めてもたらした叢書、待望の新版！

叢書 **歴史を拓く**〈新版〉――『アナール』論文選（全4巻）

責任編集＝二宮宏之・樺山紘一・福井憲彦／新版序＝福井憲彦

1 魔女とシャリヴァリ　コメント＝宮田 登　解説＝樺山紘一
A5並製　240頁　2800円◇978-4-89434-771-7（2010年11月刊）

2 家の歴史社会学　コメント＝速水 融　解説＝二宮宏之
A5並製　304頁　3800円◇978-4-89434-777-9（2010年12月刊）

3 医と病い　コメント＝立川昭二　解説＝樺山紘一
A5並製　264頁　3200円◇978-4-89434-780-9（2011年1月刊）

4 都市空間の解剖　コメント＝小木新造　解説＝福井憲彦
A5並製　288頁　3600円◇978-4-89434-785-4（2011年2月刊）

アナール派の最高権威が誕生から今日に至る重要論文を精選！

ANTHOLOGIE DES ANNALES 1929-2010

叢書『アナール 1929-2010』（全5巻）

歴史の対象と方法

E・ル＝ロワ＝ラデュリ＆A・ビュルギエール監修

浜名優美監訳

A５上製　予各400〜584頁　**予各6800〜8800円**

1929年に創刊され、人文社会科学全体に広範な影響をもたらした『アナール』。各時期の最重要論文を、E・ル＝ロワ＝ラデュリが精選した画期的企画！

第Ⅰ巻　1929−1945　編集・序文＝アンドレ・ビュルギエール

叢書『アナール 1929-2010』序文（E・ル＝ロワ＝ラデュリ＆A・ビュルギエール）／『アナール』創刊の辞（L・フェーヴル&M・ブロック）／歴史学、経済学、統計学（L・フェーヴル）／今日の世界的危機における金《きん》の問題（E・グットマン）／シカゴ（M・アルヴァクス）／経済革命期のカスティーリャにおける通貨（E・J・ハミルトン）／中世における金《きん》の問題（M・ブロック）／水車の出現と普及（M・ブロック）／フォラールベルク州のある谷間の村（L・ヴァルガ）／近代式繋駕法の起源（A−G・オードリクール）／モロッコの土地について（J・ベルク）／ジェノヴァの資本主義の起源（R・ロペス）／若者、永遠、夜明け（G・デュメジル）／いかにして往時の感情生活を再現するか（L・フェーヴル）　400頁　**6800円**（第1回配本／2010年11月刊）◇978-4-89434-770-0

第Ⅱ巻　1946−1957　編集・序文＝リュセット・ヴァランシ

貨幣と文明（F・ブローデル）／古代奴隷制の終焉（M・ブロック）／経済的覇権を支えた貨幣（M・ロンバール）／ブドウ畑、ワイン、ブドウ栽培者（L・フェーヴル）／一時的な市場から恒久的な植民地へ（R・S・ロペス）／アメリカ産業界における「人的要素」の諸問題（G・フリードマン）／経済界、金融界の一大勢力（P・ショーニュ）／ブルゴーニュにおけるブドウ栽培の起源（R・ディオン）／往生術（A・テネンティ）／17世紀パリにおける出版業（H−J・マルタン）／ボーヴェジにて（P・グベール）／16世紀半ばにおけるフランス経済とロシア市場（P・ジャナン）／1640年をめぐって（H・ショーニュ＆P・ショーニュ）／神話から理性へ（J−P・ヴェルナン）／バロックと古典主義（P・フランカステル）／衣服の歴史と社会学（R・バルト）

464頁　**6800円**（第2回配本／2011年6月刊）◇978-4-89434-807-3

第Ⅲ巻　1958−1968　編集・序文＝アンドレ・ビュルギエール

長期持続（F・ブローデル）／オートメーション（G・フリードマン）／アステカおよび古代エジプトにおける記数法の比較研究（G・ギテル）／歴史と気候（E・ル＝ロワ＝ラデュリ）／歴史学と社会科学（W・W・ロストウ）／中世における教会の時間と商人の時間（J・ル＝ゴフ）／トリマルキオンの生涯（P・ヴェーヌ）／日本文明とヨーロッパ文

西洋における食の歴史を俯瞰する記念碑的大作

HISTOIRE DE L'ALIMENTATION

食の歴史（全３巻）

Ｊ－Ｌ・フランドラン＋Ｍ・モンタナーリ編

宮原信・北代美和子監訳　菊地祥子・末吉雄二・鶴田知佳子訳

第Ⅰ巻――“食”が歴史を作ってきた。

序論／用語解説

第１部　先史時代と古代文明

食行動の人間化／先史時代の食料獲得戦略／初期文明における宴会の社会的役割／古代エジプトの食文化／聖書の道理／フェニキア人とカルタゴ人

第２部　古典世界

食のシステムと文明のモデル／肉とその儀式／ギリシアにおける都市と農村／ギリシア市民社会での儀式としての共同食事／シュンポシオン（饗宴）の文化／エトルリア人の食生活／ローマ人の食と食事の文法／ソラマメとウツボ／政治的理由／古代世界における食と医療／他者の食べ物

第３部　古代末期から中世初期――5世紀―10世紀

ローマ人・蛮人・キリスト教徒／中世初期の生産構造と食生活／農民・戦士・聖職者／「食べれば食べただけ義理が生じる」

Ａ５上製　432 頁　**6000 円**（2006 年 1 月刊）◇ 978-4-89434-489-1

第Ⅱ巻――“パン・ワイン・肉”が西洋を作った。

第４部　西洋人と他者

食のモデルと文化的アイデンティティ／オリエントのキリスト教徒／アラブ料理、およびそのヨーロッパ料理への寄与／中世のユダヤ教徒の食

第５部　中世盛期・後期

新たな食のバランスに向かって／封建社会と食／自家消費と市場のはざまで／食の職業／ヨーロッパにおける旅館業の始まり／中世の料理／中世末期とルネサンスにおける食と社会階級／14 世紀・15 世紀・16 世紀の調味と料理、栄養学／「注意せよ、不作法者となるなかれ」／火から食卓へ／イメージの宴会と彩飾「オードブル」

第６部　西欧キリスト教世界から諸国家のヨーロッパへ――15世紀―18世紀

近代／理由なき成長／地域循環型経済における農民の食

Ａ５上製　416 頁　**6000 円**（2006 年 2 月刊）◇ 978-4-89434-490-7

第Ⅲ巻――「食」はどこへ向かうのか？

第６部　西欧キリスト教世界から諸国家のヨーロッパへ――15世紀―18世紀（承前）

植民地原産の飲料と砂糖の飛躍的発展／料理を印刷する／食品の選択と料理技法／栄養学からガストロノミーへ、あるいはグルマンディーズの解放／近世の美術における食のイメージ

第７部　現　代――19世紀―20世紀

19 世紀と 20 世紀／食品消費の変化／海外産農作物の侵入／レストランの誕生と発展／食産業と新しい保存技術／保存食品の味／食と健康／地方料理の抬頭――フランス／地方料理の抬頭――イタリア／あふれる豊かさの危険／生活習慣の「マクドナルド化」／結論

Ａ５上製　384 頁　**6000 円**（2006 年 3 月刊）◇ 978-4-89434-498-3

アナール派第三世代の最重要人物

エマニュエル・ル＝ロワ＝ラデュリ

（1929-　）

アナール派第三世代の総帥として、人類学や、気象学・地理学を初めとする自然科学など、関連する諸科学との総合により、ブローデルの〈長期持続〉を継承し、人間存在の条件そのものの歴史を構想する。

アナール派、古典中の古典

FS版 新しい歴史
（歴史人類学への道）

E・ル＝ロワ＝ラデュリ

樺山紘一・木下賢一・相良匡俊・中原嘉子・福井憲彦訳

［新版特別解説］黒田日出男

「『新しい歴史』を左手にもち、右脇にかの講談社版『日本の歴史』を積み上げているわたしは、両者を読み比べてみて、たった一冊の『新しい歴史』に軍配をあげたい気分である。」（黒田氏）

B6変並製　三三六頁　二〇〇〇円

（一九九一年九月／二〇〇二年一月刊）◇978-4-89434-265-1

LE TERRITOIRE DE L'HISTORIEN

Emmanuel LE ROY LADURIE

自然科学・人文科学の統合

気候の歴史

E・ル＝ロワ＝ラデュリ

稲垣文雄訳

ブローデルが称えた伝説的名著、ついに完訳なる。諸学の専門化・細分化が進むなか、知の総合の企てに挑戦した野心的な大著。気候学・気象学・地理学をはじめとする関連自然科学諸分野の成果と、歴史家の独擅場たる古文書データを総合した初の学際的な気候の歴史。

A5上製　五一二頁　八八〇〇円

（二〇〇〇年六月刊）◇978-4-89434-181-4

HISTOIRE DU CLIMAT DEPUIS L'AN MIL

Emmanuel LE ROY LADURIE

アナール派の重鎮が明快に答える

気候と人間の歴史・入門
（中世から現代まで）

E・ル＝ロワ＝ラデュリ

稲垣文雄訳

気候は人間の歴史に、どんな影響を与えてきたのか？　フェルナン・ブローデルが絶讃した、自然科学・人文科学の学際的研究の大著『気候の歴史』の著者が明快に答える、画期的入門書！

四六上製　一八四頁　二四〇〇円　口絵二頁

（二〇〇九年九月刊）◇978-4-89434-699-4

ABRÉGÉ D'HISTOIRE DU CLIMAT

Emmanuel LE ROY LADURIE et Anouchka VASAK

アナール派第三世代のリーダー、中世史の泰斗

ジャック・ル＝ゴフ （1924–2014）

中世史家、『アナール』編集委員。南仏トゥーロン生まれ。青年時代を第二次大戦下で過ごしたのち、高等師範学校に進学。1950 年、高等教育教授資格試験に合格。1959 年、アナール派が中心の高等研究院第六部門に入り、以後、フェーヴル、ブロック、ブローデルらのあとを受け、アナール派第三世代のリーダーとして活躍。1969 年、ル＝ロワ＝ラデュリ、フェローとともに『アナール』誌の編集責任者に。高等研究院第六部門の社会科学高等研究院としての独立に尽力。

中世は西洋にしか存在しない

中世とは何か

J・ル＝ゴフ

池田健二・菅沼潤訳

商業・大学・芸術の誕生、時間観念の数量化、ユダヤ人排斥など、近代西洋文明の基本要素は、中世に既に形成されていた。「中世からルネサンスへ」という時代区分の通念を覆し、「中世」「近代」「ヨーロッパ」を語り尽くす。

口絵カラー一六頁

四六上製　三二〇頁　**三三〇〇円**

（二〇〇五年三月刊）

◇978-4-89434-442-6

À LA RECHERCHE DU MOYEN ÂGE

Jacques LE GOFF

西洋文明の根幹は「身体」にある

中世の身体

J・ル＝ゴフ

池田健二・菅沼潤訳

ミシュレ、モース、アドルノ、フーコーなど、従来の身体史の成果と限界を踏まえ、「現在の原型である」中世の重要性を説き、「身体」に多大な関心を示し、これを称揚すると同時に抑圧した、西洋中世キリスト教文明のダイナミズムの核心に迫る！　**口絵八頁**

四六上製　三〇四頁　**三二〇〇円**

（二〇〇六年六月刊）

◇978-4-89434-521-8

UNE HISTOIRE DU CORPS AU MOYEN-ÂGE

Jacques LE GOFF

ヨーロッパ成立史の決定版！

ヨーロッパは中世に誕生したのか？

J・ル＝ゴフ

菅沼潤訳

「ヨーロッパ」は、いつ、いかにして生まれたのか？　中世史の最高権威が、古代ギリシア・ローマ、キリスト教、労働の三区分などの諸要素を血肉化しながら、自己認識として、そして地理的境界としての「ヨーロッパ」が生みだされるダイナミックな過程の全体像を明快に描く。　**カラー口絵一六頁**

四六上製　五一二頁　**四八〇〇円**

（二〇一四年一一月刊）

◇978-4-86578-001-7

L'EUROPE EST-ELLE NÉE AU MOYEN ÂGE?

Jacques LE GOFF

"貨幣"は近代の産物である

中世と貨幣

（歴史人類学的考察）

J・ル゠ゴフ
井上櫻子訳

『中世の高利貸』において、K・ポランニーを参照しつつ、高利貸の姿を通じて、社会に埋め込まれた"経済"のありようを素描した中世史の泰斗が、ついに貨幣そのものを俎上に載せる。宗教との相剋のなかでの貨幣による社会的結合の深化と、都市・国家・資本主義の胎動を描く、貨幣論の決定版。

四六上製　三二八頁　三六〇〇円
（二〇一五年一二月刊）◇978-4-86578-053-6

LE MOYEN ÂGE ET L'ARGENT　Jacques LE GOFF

アナール派の「読む事典」

新装版

ヨーロッパ中世社会史事典

A・ジェラール
池田健二訳
序J・ル゠ゴフ

新しい歴史学・アナール派の重鎮マルク・ブロック、フィリップ・アリエス、ジョルジュ・デュビイ、ジャック・ル゠ゴフの成果を総合する"中世の全体像"。日本語版で多数の図版をオリジナルに編集・収録したロングセラー。

A5上製　三六八頁　六〇〇〇円
（一九九一年三月／二〇〇〇年六月）◇978-4-89434-182-1

LA SOCIÉTÉ MÉDIÉVALE　Agnès GERHARD

カラー図版で読む中世社会

ヨーロッパの中世

（芸術と社会）

G・デュビィ
池田健二・杉崎泰一郎訳

アナール派を代表する最高の中世史家が芸術作品を"社会史の史料"として初めて読み解く。本文、図版（二〇〇点）、史料の三位一体という歴史書の理想を体現し、中世社会の言説と想像界の核心に迫る「芸術社会史」の傑作。

菊上製　三六八頁　六一〇〇円
（一九九五年四月刊）◇978-4-89434-012-1

L'EUROPE AU MOYEN ÂGE　Georges DUBY

今日君臨する現在主義とは何か？

「歴史」の体制

（現在主義と時間経験）

F・アルトーグ
伊藤綾訳＝解説

「歴史」とは何か？　それはいかにあるか？――歴史学・古典学・文学・人類学など諸学を横断し、「世界遺産」や環境問題など今日的トピックまでをも視野に収めつつ描かれた、「歴史」の歴史。現代社会の時間秩序＝「歴史」の体制たる「現在主義」の本質に迫る！

四六上製　三九二頁　四六〇〇円
（二〇〇八年一二月刊）◇978-4-89434-663-5

RÉGIMES D'HISTORICITÉ　François HARTOG

我々の「身体」は歴史の産物である

HISTOIRE DU CORPS

身体の歴史（全三巻）

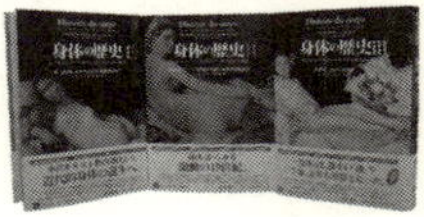

A・コルバン＋J-J・クルティーヌ＋G・ヴィガレロ監修

小倉孝誠・鷲見洋一・岑村傑監訳

第47回日本翻訳出版文化賞受賞　Ａ５上製（口絵カラー16～48頁）**各6800円**

自然と文化が遭遇する場としての「身体」は、社会の歴史的変容の根幹と、臓器移植、美容整形など今日的問題の中心に存在し、歴史と現在を知る上で、最も重要な主題である。16世紀ルネサンス期から現代までの身体のあり方を明らかにする身体史の集大成！

第Ⅰ巻　16-18世紀　ルネサンスから啓蒙時代まで

ジョルジュ・ヴィガレロ編（鷲見洋一監訳）

中世キリスト教の身体から「近代的身体」の誕生へ。宗教、民衆生活、性生活、競技、解剖学における、人々の「身体」への飽くなき関心を明かす！

656頁　カラー口絵48頁　（2010年3月刊）　◇978-4-89434-732-8

第Ⅱ巻　19世紀　フランス革命から第一次世界大戦まで

アラン・コルバン編（小倉孝誠監訳）

臨床=解剖学的な医学の発達、麻酔の発明、肉体関係をめぐる想像力の形成、性科学の誕生、体操とスポーツの発展、産業革命は何をもたらしたか？

504頁　カラー口絵32頁　（2010年6月刊）　◇978-4-89434-747-2

第Ⅲ巻　20世紀　まなざしの変容

ジャン＝ジャック・クルティーヌ編（岑村傑監訳）

ヴァーチャルな身体が増殖し、血液や臓器が交換され、機械的なものと有機的なものの境界線が曖昧になる時代にあって、「私の身体」はつねに「私の身体」なのか。

624頁　カラー口絵16頁　（2010年9月刊）　◇978-4-89434-759-5

身体史の集大成の書、名著『身体の歴史』入門

身体はどう変わってきたか

〔16世紀から現代まで〕

A・コルバン

小倉孝誠／鷲見洋一／岑村傑

医学が身体の構造と病をどう捉えてきたか、身体とセクシュアリティー、絵画・彫刻・演劇・ダンスなどアートによって表現される身体、矯正や美容整形、身体作法やスポーツなど鍛えられ訓練される身体――身体の変容を総合的に捉える初の試み。**図版多数**

四六上製　三二〇頁　**二六〇〇円**

（二〇一四年一二月刊）

◇978-4-89434-999-5